죽음의
시공간

경희대학교 인문학연구원
HK+통합의료인문학연구단
통합의료인문학
학 술 총 서 _ 09

죽음의
시공간

김혜진 양준석 이은영 조태구 최성민 최우석
지음

Chronotope of Death

모시는사람들

아마도 다음과 같은 논증을 한번쯤 들어보셨을 겁니다. (1) 대전제: "모든 사람은 죽는다", (2) 소전제: "소크라테스는 사람이다", (3) 결론: "소크라테스는 죽는다" (1)에서 (3)으로 이어지는 논증은 대전제의 참이 필연적으로 결론의 참을 이끈다는 연역논증을 설명할 때 자주 드는 사례입니다. 이 논증에서 강조되는 것은 사람이란 죽는다는 사실인데, 이를 우리는 시대와 문화가 달라져도 변하지 않을 필연적인 참이라고 믿습니다.

그런데 언젠가부터 우리는 이와 같은 논증이 뒤집어질 수 있는 가능성을 고려하게 되었습니다. 즉 우리는 사람이 영원히 살 수 있는 시대가 임박하다는 소식을 듣기 시작했습니다. 인간의 불멸은 허위나 과장이 아닌 현실이 될 지도 모르겠다는 것입니다. 왜냐하면 과학과 기술의 발전으로 인간이 불사할 수 있다는 징조가 하나 둘 드러나고 있기 때문입니다. 게다가 다양한 매체를 통해 이는 현실감 있게 묘사되고 있습니다. 한마디로 연역논증의 사례로 제시된 예가 앞으로는 통용되지 않을 날이 올 것 같습니다.

언젠가는 "사람은 죽지 않을 수 있다" 혹은 "사람은 불멸한다"는 사실이 참인 시대가 올 것으로 보입니다. 그럼에도 불구하고 인간이 불사한다는 말에 여전히 고개를 갸우뚱하는 사람이 많을 것 같습니다. 정말로 그런 시대가 올지 의문을 갖는 사람들도 많이 있는 것으로 알고 있습니다. 우리는 그 누구도 아직 죽음으로부터 완전히 벗어나지 못한 상황에 있기 때문일 겁니다. 그래서인지 인간의 불멸 가능성은 쉽게 납득되지 않습니다. 인간에게 죽음은 단순한 문제가 아닌 것 같습니다. 아직 우리는 죽음에 대해 살펴봐야 할 많은 과제를 남겨 둔 것이 아닐까요?

죽음은 생명 징후의 멈춤, 소실이라고 생각할 수 있습니다. '죽음은 생의 소멸'이라고 간단하게 정리할 수도 있습니다. 하지만 '사랑하는 사람의 죽음'을 떠올려봅시다. 사랑하는 사람의 죽음은 슬픔을 불러일으킵니다. 만약에 죽은 그 사람이 사랑으로 애지중지하며 키운 어린 자식이었다면, 그러한 자식의 죽음은 부모에게 형언할 수 없는 비통과 절망을 가져다줄 것입니다. 예방의학이 발달한 오늘날 사람들은 건강을 추구하며 최대한 죽음을 지연시키려는 노력을 기울입니다. 이와 같은 풍조 속에 죽음은 쉽게 받아들여지지 않습니다. 마치 죽음은 우주만물의 자연스러운 법칙이 아닌, 예방하거나 막을 수 있는 질병처럼 간주되기에 이른 것 같습니다.

물론, 이와는 반대로 경제적인 문제 혹은 신념의 문제 등으로 죽음을 자발적으로 선택하는 사람들도 있습니다. 가령, 어떤 사람은 자신의 존엄성을 유지하고 싶다는 이유로 스스로 죽음을 택하기도 합니다. 어떤 때에 죽음에 대해 '아무렴 어때'라며 무관심한 모습을 띠기도 합니다. 코로나19 바이러스 감염병 유행이 끝날 기미를 보이지 않는 오늘날, 전염병으로 인하여 사망한 사람들의 죽음은 한낱 숫자로 이해되기도 합니다. 특히 집계, 통계 수치가 필요한 사람에게는 더욱 그런 경향이 있는 것 같습니다. 하루에도 뉴스 보도를 통해 총 누적 사망자 수, 하루 사망자 수가 전달되지만, 그 수는 그저 많고 적음의 문제로 경험되는 것처럼 말입니다. 그런데 분명한 것은 지금까지 이야기한 것처럼 죽음은 슬픔, 애도, 고통, 분노, 숫자 등 다양한 모습을 띠며 우리 곁에 있다는 사실입니다. 이는 인간에게 죽음이란 결코 단순한 주제가 아니라는 사실을 다시 한번 일깨우는 것 같습니다.

이 책은 이처럼 단순하지 않은 죽음을 의료인문학적 관점에서 살펴본 학술서입니다. 다양한 모습으로 우리 삶에 개재하는 죽음을 여러 관점에서 탐색해 보았습니다. 경희대학교 HK+통합의료인문학연구단은 '죽음'이 무엇인지를 지속적으로 살펴보았는데, 이와 같은 노력은 앞서 2022년에 출간한 『죽음의 인문학』(모시는사람들)에서 시작되었습니다. 이 책은 그 연장선에 있습니다. 이 책은 1부와 2부로 나누어 논의를 펼치는데, 1부에서는 코로나19, 죽음, 그리고 애도라는 주제로 죽음을 살폈습니다. 1부의 주제는 현재 진행형인 오늘날의 세태에 주목한 탐구입니다. 즉 끝날 기미가 보이지 않는 코로나19 바이러스(COVID-19) 전염병과 연관된 죽음을 논구하고 있습니다. 팬데믹 시대에 전염병으로 죽는 사망자 수에 우리가 무뎌진 것은 아닌지, 죽음과 관련된 생명의 존엄을 숫자로만 치환하고 있는 것은 아닌지, 그래서 전염병과 관련된 통계 수치로 인해 미처 돌보지 못한 우리의 과오는 없는지를 살펴봅니다. 그리고 코로나19 상황에서 미처 예고도 없이 마주하게 된 죽음을 어떻게 받아들여야 할지, 돌봄이 필요한 약자들의 죽음을 외면하고 있는 것은 아닌지, 그리고 이러한 죽음들에 우리는 어떻게 애도해야 할지를 고찰하고 있습니다. 만성화된 코로나 공포 시대 속에서 살아간다는 게 무엇인지도 함께 다루고 있습니다.

2부에서는 연명의료결정법과 관련된 논의를 시작합니다. 연명의료결정법에서 제시되는 호스피스 완화의료는 환자의 죽음 수용 단계에서 간호 제공자의 사랑과 공감이 필요하다는 사실을 강조하고 있습니다. 또한 공감의 생명윤리학에서 필요한 패러다임과 함께 조력 존엄사 문제를 다루며 존엄사와 안락사의 기초적 개념 정립을 시도하고 있습니다. 이러한 시도와 더불어 이 책에서는 삶과 죽음의 질적 문제에 대한 고찰의 필요성을 환기하고 있습니다. 현대적 주제를 넘어서 이 책은 문화와 공간을 초월하여 인간에 대한 철학적 성찰을 왕성하게 잉태한 고대 그리스 시대의 죽음과 장례 문화도 살펴봤습니다. 당시 아테네인들의 장례의 절차와 의미가 무엇이며, 그러한 양상이 오늘날 우리가 죽음을 바라볼 때 어떤 의의를 가질 수 있는지를 들여다본 것입니다. 끝으로 다양한 얼굴을 띠고 있는 죽음을 어떻게 연구해야 하는지에 대한 나름의 방법론도 제시하고 있는데, 이 책에서는 그와 같은 탐구 방법으로 현상학적 방법을 내놓고 있습니다. 현상학적 질적 연구가 죽음을 이해하는 데에 어떻게 도움을 줄 수 있는가를 고찰하면서 책을 마무리하였습니다.

이 책은 우리가 살아가는 시간 속에서 죽음의 의미와 그에 대한 인문학적 성찰을, 그리고 죽음을 맞이하는 다양한 공간 속에서 우리가 고려하고 취할 수 있는 탐구 방향을 제시하고 있습니다. 죽음에 관한 풍부한 학술적 내용을 담고 있는 만큼, 이 책은 죽음을 어떻게 이해해야 하는가에 대해 관심을 가지고 있는 분들에게 도움이 될 것으로 보입니다. 경희대학교 HK+통합의료인문학연구단의 '사(死)팀'의 두 번째 학술총서 기획을 완성해 주신 여러 선생님들과, 책이 나올 수 있게 수고로 애써주신 도서출판 모시는사람들 편집자 선생님들께 심심한 감사를 드립니다. 죽음을 통해 인간의 가치와 삶의 의미가 무엇인지를 살펴보실 분들에게 도움이 되는 글이 되어, 이 책을 바탕으로 죽음에 관한 학술적 후속 작업이 활발하게 나오기를 기대해 봅니다.

2023년 1월 필진을 대표하여 최우석 씀

차례

머리말 ──── 5

1부 / 코로나 19, 죽음과 애도의 의료인문학적 관점

팬데믹 시대의 죽음에 대하여 / 최성민 ────15
— 생명과 숫자

1. 들어가며 ·· 17
2. 코로나19와 관련된 숫자, 그리고 생명 ····················· 18
3. 코로나19 사망자 수와 추가 사망자 ························· 28
4. 취약한 사람들 ··· 35
5. 나가며: 애도와 성찰의 시간 ·································· 38

코로나19 애도 경험에 대한 사례 연구 / 양준석 ────43
— 이별은 끝나도 애도는 계속된다

1. 성찰의 부재 ·· 45
2. 생사인문학의 관점에서 본 코로나에 대한 사유 ······· 48
3. 코로나 시대 사별을 경험한 사람들의 이야기 ··········· 53
4. 코로나 시대 사별 경험 이야기에 대한 반영 ············· 71
5. 포스트 코로나, 뉴노멀을 준비하며 ······················· 74

2부 / 죽음의 다양한 장면들
— 연명의료, 조력존엄사, 장례 문화, 죽음 탐구

연명의료결정법에서
관계적 고독사와 전인적 치료를 위한 가능성 고찰 / 이은영 ────83

1. 들어가는 말 ··· 85
2. 연명의료결정법의 시행 배경과 내용 ····················· 87
3. 연명의료결정법과 좋은 죽음 ································· 92
4. 연명의료결정법과 관계적 고독사 ·························· 96
5. 연명의료결정법과 공감의 생명윤리학 ··················· 103
6. 나가는 말 ·· 113

죽음의 시공간

죽음은 어디까지 허용되는가? / 조태구 ———117
—조력존엄사 논의를 중심으로 살펴본 존엄사와 안락사
1. 논란의 새로운 시작 혹은 새로운 논란의 시작 ·················119
2. 연명의료결정법의 제정 과정 ··········121
3. 존엄사와 안락사 ··········127
4. 자연사와 죽을 권리 ··········135
5. '자율성 존중의 원칙'과 '최선의 이익 원칙' ··········142
6. 죽음의 질이 문제인가? 삶의 질이 문제인가? ··········150

고대 그리스의 장례 문화 / 김혜진 ———153
— 아티카식 도기화 속 장례 도상을 중심으로
1. 서론: 죽음 ··················155
2. 장례의 의미 ··········158
3. 장례 도상 ··········162
4. 장례 도상의 의미 ··········169
5. 결론 ··········172

죽음의 의료인문학과 현상학적 탐구 / 최우석 ———175
1. 현상학이란 무엇인가? ··············177
2. 현상학적으로 이해하는 죽음 ··········180
3. 죽음을 이해하는 네 가지 현상학적 탐구 방법 ··········186
4. 죽음의 다양한 장면들과 의료의 현상학적 이해 ··········195
5. 글을 마치며 ··········198

참고문헌 —203   집필진 소개 — 212   찾아보기 — 214

1부
코로나 19, 죽음과 애도의
의료인문학적 관점

팬데믹 시대의
죽음에 대하여*

― 생명과 숫자

최성민 (경희대학교 HK+통합의료인문학연구단 HK교수)

＊ 이 글은 『리터러시연구』 14권 1호(2023)에 게재한 논문 「팬데믹 시대의 생명과 데이터 리터러시」를 이 책의 형식에 맞게 수정 및 보완한 글이다.

1. 들어가며

신문의 '부고'란에는 누군가의 소식이 실린다. 신문의 위력이 줄어들면서, 매일 부고를 들여다볼 일이 없어졌지만, 여전히 매일 수많은 사람들이 죽는다. 우리나라에서는 하루 평균 38명이 자살을 하고, 5.5명이 산업재해로 목숨을 잃는다. 매일 전국의 요양병원에서는 250명이 세상을 떠난다. 그 밖에도 많은 사람들이 질병, 재난, 사고 등으로 목숨을 잃는다. 코로나19 이전이었던 2019년 3월 기준으로, 하루 평균 805명이 죽음을 맞이한다.

죽음의 의미를 성찰하거나 죽음을 두려워하는 마음을 사색하는 것은 인류 대대로 이어져 온 일이다. 하지만 주변인이거나 유명인의 죽음이 아닌, 숫자로 표현되는 죽음에 대해서도 우리는 어느 순간 익숙해졌다. 이 숫자로 표현되는 죽음은 코로나19 이후 더욱 보편화되었다.

코로나19 감염 확산과 동시에 우리는 매일 아침, 전국 단위 혹은 지역 단위의 확진자 수를 직접 확인하거나 문자로 전달받는 일에 익숙해졌다. 확진자 수가 중요한 이유는 그 전체 숫자에 있는 것이 아니다. 확진자 수에 비례하여 사망하거나 위중증을 앓는 환자들도 증가하기 때문이다. 만

3년이 넘는 시간 동안, 우리는 코로나19라고 하는 신종 감염병으로 인한 확진자 수와 사망자 수를 언론 보도나 정부 발표를 통해 매일 확인할 수 있었다. 최근에는 보도의 비중이 줄어든 것이 사실이지만, 어떤 요인으로 인한 질병 사망자 수가 일일 단위로 이만큼 장기간 계속 기록되고 확인되는 일도 아마 역사상 처음 있는 일이 아닐까 싶다.

이 글은 여러 가지 의미에서 전대미문의 감염병이라 할 수 있을, 코로나19 팬데믹이 만들어낸 죽음과 생명의 문제를 들여다보고자 한다. 2020년 초부터 2022년 말까지, 전 세계에서 공식적 통계로 잡힌 코로나19 사망자 수는 660만 명이 넘는다. 한국에서만 해도 3년간 3만 명이 넘는 생명이 코로나19로 인해 세상을 떠났다. 우리가 3년째 지켜보고 있던 이 숫자들, 그 숫자 뒤에서 발견되는 죽음과 생명의 문제를 이야기하고자 한다.

2. 코로나19와 관련된 숫자, 그리고 생명

불과 얼마 전까지, 우리는 100세 시대, 더 나아가 '특이점'을 넘어 '불로장생'의 삶을 기대하는 시대, 혹은 강화된 인간의 '포스트휴먼' 시대를 말하고 있었다. 그러나 인류는 아직 취약하기 짝이 없는 존재라는 것을 코로나19 바이러스를 통해 새삼 깨닫게 되었다. 2020년 초 전 세계 거의 모든 국가는 코로나19의 확산을 막기 위해 온갖 노력을 기울였다. 항구와 공항을 폐쇄하면서 국가간 교류를 틀어막는 것은 예사였다. 중국에서는 현관문에 못을 박으면서까지 출입을 막는 일이 벌어졌고, 미국의 뉴욕에서는 시신을 보관할 관과 매장할 묘지가 부족한 사태를 맞이했다. 유럽에서는 요양시설이 죽음의 공간으로 방치되는 일도 있었고, 전면적인 봉쇄 조치로 일상이 중단되는 일도 겪었다. 한국을 비롯한 세계 각지에서 화장터와 시신 안치 시설이 부족해지는 일이 벌어졌다. 근대 이후 인류가 쌓아 올린 문명, 기술, 윤리, 제도 등에 큰 상처를 남긴 셈이다.

2021년초부터 백신이 제조 공급되기 시작하면서, 일상과 인적 교류 시스템이 회복되기 시작했다. 백신의 부작용에 대한 불안이나 백신 공급의 우선 순위를 둘러싼 논란도 적지는 않았지만, 백신의 등장 이후 감염자 대비 사망률이 크게 감소한 것은 사실이다.

윤복원(2022)[1]에 따르면, 백신이 공급되기 이전인 2020년 11월 말 전 세계 누적 확진자 수와 사망자 수를 대비한 코로나19 치명률은 2.4%였다. 사스(SARS)의 11%, 메르스(MERS)의 35%에 비하면 낮은 편이지만, 일반적인 독감 인플루엔자의 0.1%에 비하면 상당히 높은 편이었다. 제한적인 확산에 그친 사스와 메르스에 비해, 전 세계적으로 동시 확산이 일어난 점을 감안하면 코로나19로 인한 공포는 결코 괜한 호들갑이 아니었다. 코로나19 확산 초기인 2020년 4월 30일에는 전 세계 치명률이 7%에 달했고, 영국의 경우에는 16%에 이르렀다.[2]

---

1   윤복원(2022), 「영국 '코로나 치명률'이 한국보다 7배나 높았던 이유」, 《한겨레》, 2022. 11.18. https://www.hani.co.kr/arti/science/science_general/1067843.html
2   위의 기사의 표2-1과 표2-2 참조.

	전세계	미국	인도	브라질	영국	대한민국
2020년 4월 30일	7.09%	5.84%	3.32%	6.87%	16.1%	2.31%
2020년 11월 30일	2.45%	2.03%	1.49%	2.72%	3.62%	1.54%
2021년 11월 30일	1.99%	1.63%	1.38%	2.78%	1.40%	0.81%
2022년 7월 20일	1.12%	1.14%	1.20%	2.02%	0.79%	0.13%
2022년 12월 27일	1.01%	1.09%	1.18%	1.91%	0.82%	0.11%

〈표1〉 주요국가 코로나19 치명률 변화 추이[3]

　코로나19는 2022년 12월 말 현재, 전 세계 6억6천만 명 이상을 감염시켰고, 그로 인해 660만 명 이상이 사망했다. 전 세계적인 치명률은 대략 1% 정도인 셈이다. 통계적인 숫자만 보더라도 코로나19의 치명률은 초기에 비해 크게 낮아진 편이다. 한국의 경우에는 치명률이 세계 평균에 비해 크게 낮은 편이었기도 하지만, 2020년에 비해서 2022년에는 더욱 낮아져서 0.1%대로 관리되고 있음을 확인할 수 있다.

　치명률의 감소는 크게 세 가지 요인이 영향을 미친 것으로 추정해 볼 수 있다. 첫째는 백신 공급과 접종으로 중증화율이 낮아진 것이다. 둘째는 팍시로비드가 치료제로 활용되고, 각국의 의료 체계가 코로나19에 적극 대응에 나선 덕분에 위중증 환자나 고령의 환자들이 사망에 이르는 확률이 낮아진 것이다. 셋째는 오미크론 변이를 비롯한 변이 발생 과정에서 바이러스가 감염력을 높이는 대신, 치명률을 낮추는 방식으로 변화한 것이다.

　물론 이러한 요인 외에도, 초기에 비해 코로나19 감염을 발견하는 의료

3　〈표1〉은 윤복원(2022)에 인용된 표를 참조하여 추가로 확인, 수정, 보완한 것임. 치명률은 해당 시점까지의 누적 사망자 수를 누적 확진자 수로 나눈 것임.

체계가 잘 자리 잡고, 진단키트 보급과 활용도 늘어나면서, 감염자가 확진자로 확인되는 비율이 높아짐에 따라 치명률을 낮추었던 영향도 있었을 것이다. 분명한 것은 코로나19의 치명률 통계 수치는 2020년 상반기보다 하반기에, 2020년보다 2021년에, 그리고 2021년보다 2022년에 점차적으로 낮아졌다는 사실이다. 이렇게 보면, 코로나19가 3년간 영향을 미치는 과정에서 우리는 비교적 효과적으로 생명을 지키는 방향으로 변화해왔다고 볼 수 있다. 전례 없이 빠르게 개발된 백신, 의료진의 헌신, 시민들의 협조 덕분이라 할 수 있다.

2020년부터 2021년 상반기까지, 코로나19 초기 한국의 방역을 대표하던 것은 이른바 3T 정책이었다. 3T는 검사(test), 추적(trace), 치료(treat)의 앞 글자를 따서 붙인 이름이다. 이 정책은 최대한 많이 검사하고, 철저히 접촉자를 추적하여 다시 검사하고, 확진자를 빠르게 발견하여 집중 치료를 받게 하는 것이다.

하지만 2021년 말, 오미크론 변이가 확산되면서 3T 정책은 더 이상 유효하지 않게 되었다. 역학조사와 추적 과정에서 개인 정보의 과도한 노출이 문제가 되기도 했고, 모든 확진자를 입원시키는 방식의 치료가 의료자원을 지나치게 소모한다는 지적도 있었다. 결정적으로 일일 확진자 수가 크게 늘어나면서, 모든 확진자의 '추적'과 '치료'에 국가적 자원을 투입하는 것이 현실적으로 불가능하게 되었다. '검사' 역시 부담이 커지자, PCR 검사 방법보다 신뢰도가 다소 낮은 자가항원키트를 널리 이용하는 방식으로 전환하게 되었다.

2022년으로 넘어오면서 일일 신규 확진자는 하루에 1만 명을 넘어서기 시작했다. 2022년 1월 26일 0시 기준 13,012명의 신규 확진자 수가 발표되면서였다. 2월 10일에는 신규 확진자 수가 5만 명을 넘어섰다.

　이렇게 되면서 코로나19에 대한 공포가 커지기만 했던 것은 아니다. 본인이, 혹은 주변인이 확진자가 되는 경우가 빈번해지면서 코로나19를 앓고 지나간 '완치자' 역시 늘어났기 때문이다. 2022년 2월 18일 질병관리청의 보고서 기준으로, 2차 이상 백신 접종률이 86%를 넘고, 3차 접종완료자가 58%를 넘어선 상황임에도 확진자가 크게 늘어나자, 일각에서는 백신이 아무 의미가 없었던 것이 아니냐는 지적도 제기되었다. 우리나라의 경우, 2022년 2월 18일 기준으로, 18세 이상 성인의 2차 접종률은 96%, 3차 접종률은 67.9%에 달했지만, 대규모 감염을 피하지 못했던 것이다.

연령구분	총인구	비율(%)	확진자 수	비율(%)	사망자	비율(%)	치명률(%)	10만명당 발생률
0~9세	3,736,642	7.2	183,863	10.5	3	0.04	0.00	4,890
10~19세	4,706,002	9.1	243,180	13.9	1	0.01	0.00	5,164
20~29세	6,632,711	12.8	314,648	17.9	14	0.19	0.00	4,727
30~39세	6,704,271	13.0	260,324	14.8	47	0.65	0.02	3,872
40~49세	8,166,823	15.8	269,779	15.4	105	1.44	0.04	3,303
50~59세	8,635,055	16.7	212,458	12.1	347	4.76	0.16	2,460
60~69세	7,196,303	13.9	163,759	9.3	1,122	15.41	0.69	2,286
70~79세	3,724,894	7.2	67,151	3.8	1,967	27.01	2.93	1,808
80세 이상	2,129,772	4.1	40,644	2.3	3,677	50.49	9.05	1,928
전체	51,632,473	100.0	1,715,162	100.0	7,283	100.00	0.41(평균)	3,400

〈표2〉 인구 및 코로나19 확진자, 사망자 통계[4]

4　인구 통계는 행정안전부 주민등록 인구통계 2022년 1월 기준(https://jumin.mois.go.kr/index.jsp) 자료를 인용하였고, 코로나19 확진자 및 사망자통계는 질병관리청 2022년 2월 18일자 보도자료를 인용한 것이다.(http://ncov.mohw.go.kr/) 중앙방역대책본부 보도대응팀, 『코로나19 예방접종 및 국내 발생 현황(2.18.)』, 2022.

2022년 2월 18일 0시 기준, 누적 확진자 수는 171만여 명이었다. 확진자 연령별 현황을 보면, 9세 이하가 10%이고 10대가 14%, 20대가 18%, 30대와 40대가 각각 15%, 50대가 12%를 차지하고, 60대가 9%, 70대 4%, 80대가 2%를 차지하고 있다. 인구 비례를 고려할 때, 확진자 수는 10대와 20대가 높은 편이고, 60대 이상은 오히려 낮은 편이다. 반면 사망자는 80세 이상이 전체의 50% 이상을 차지하고, 70대 이상이 전체의 77%, 60대 이상으로 잡으면 전체의 93%를 차지한다. 고연령층에 압도적으로 위험한 질병이라는 것이 통계적으로 입증되고 있는 셈이다. 바꾸어 말하면, 인구 비례로 볼 때 고연령층의 확진자 수가 비교적 낮은 편인 것을 보면 고위험군에 대한 방역과 예방접종은 어느 정도 성과를 거둔 것이라고 볼 수 있겠다.

실제로 질병관리청의 2022년 2월 18일자 보도 자료에 따르면, 예방접종자의 경우 중증화 위험도는 크게 낮아진 것으로 확인된다. 확진자 대비 중증화율은 미접종 확진군의 경우 3.76%, 2차 접종 완료후 확진군은 0.91%, 3차 접종완료 후 확진군은 0.14%로 나타났다. 75세 이상의 경우엔 미접종 확진군의 중증화율은 31%에 달했으나, 2차 접종 후 확진군은 9.19%, 3차접종 후 확진군은 1.63%로 나타났다. 특히 고위험군의 중증화를 막는 데에 예방접종이 어느 정도 효과를 보았음을 알 수 있다.[5]

2.18. 인구 10만명당 발생률은 2021년 12월 인구통계를 활용한 질병관리청 보도자료에서 인용하였다.

5   중앙방역대책본부 보도대응팀, 『코로나19 예방접종 및 국내 발생 현황(2.18.)』, 2022.2.18., 22쪽.

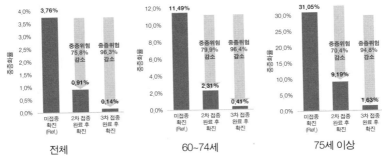

〈표3〉 2022년 2월 1주차 기준 확진자 중 예방접종력에 따른 누적 중증화율 위험도 비교

연령구분	2022년 2월 18일 기준			2021년 11월 30일 기준			2021년 5월 1일 기준		
	누적 확진자	비율%	10만명당 발생률	누적 확진자	비율%	10만명당 발생률	누적 확진자	비율%	10만명당 발생률
0~9세	183,863	10.5	4,890	28,353	6.34	714	5,313	4.33	128.1
10~19세	243,180	13.9	5,164	43,570	9.74	909	8,578	6.99	173.6
20~29세	314,648	17.9	4,727	76,251	17.05	1,120	18,271	14.90	268.4
30~39세	260,324	14.8	3,872	68,436	15.30	996	16,524	13.47	234.6
40~49세	269,779	15.4	3,303	67,719	15.14	816	18,178	14.82	216.7
50~59세	212,458	12.1	2,460	67,201	15.03	777	22,689	18.50	261.8
60~69세	163,759	9.3	2,286	56,645	12.67	840	18,873	15.39	297.5
70~79세	67,151	3.8	1,808	24,835	5.55	672	8,861	7.23	245.7
80세이상	40,644	2.3	1,928	14,220	3.18	710	5,347	4.36	281.5
전체	1,715,162	100.0	3,400	447,230	100.0	863	122,634	100.0	236.5

〈표4〉 코로나19 확진자, 사망자 통계 시기별 비교[6]

---

6 코로나19 확진자 및 사망자통계는 질병관리청 보도자료. (http://ncov.mohw.go.kr/)
중앙방역대책본부 보도대응팀, 『코로나19 예방접종 및 국내 발생 현황(2.18.)』,
2022.2.18., 15쪽.
중앙방역대책본부 보도대응팀, 『코로나19 예방접종 및 국내 발생 현황(11.30.)』,
2021.11.30., 9쪽. 중앙방역대책본부 전략기획팀, 『코로나19 국내발생 및 예방접종현황
(5.1.), 2021.5.1., 9쪽. 음영처리된 것은 10만명당 발생률이 각 시기별로 가장 높은 두
개 연령층을 표시한 것.

〈표4〉는 ①백신 접종이 본격화되기 전인 2021년 5월 1일, ②오미크론 변이가 국내 상륙하기 전인 2021년 11월 30일과 ③오미크론 변이 감염이 크게 확산되던 시기(2022년 2월18일)의 질병관리청 보도자료 통계를 비교한 것이다. 2021년 5월 1일은 1차 접종 기준, 인구 대비 접종률이 6.5%에 불과했고, 2차 접종 완료자는 0.4%에 불과했던 시기이다. 2021년 11월 30일은 일일 신규 확진자가 3,032명이었고, 누적 확진자가 44만 명 수준이었을 때였고, 단계적 일상 회복 조치와 초중등학교 전면 등교가 이루어지던 시기이다. 앞선 시기들과 비교하면 오미크론 변이가 확산 중이었던 2022년 2월엔 신규 확진자 수와 발생률이 엄청나게 늘어났음을 알 수 있다.

　2021년 11월 말과 2022년 2월을 비교하면, 10만 명당 발생률이 863명이던 것이 3,400명이 되었으니, 약 네 배 정도 높아진 셈이다. 연령별로 보면, 특히 19세 이하의 어린이와 청소년의 발생률이 크게 급증했다. 인구 10만명당 발생률을 보면, 2021년 5월초에는 고연령층이 높았던 반면, 2021년 11월말에는 20~30대가 높았고, 2022년 2월에는 10대 이하가 높은 편임을 알 수 있다. 이렇게 보면, 오미크론 대확산에도 불구하고 고연령층으로의 급속한 확산은 어느 정도 방어가 된 셈이라고 해석할 수 있다.

　일일 신규 확진자 수가 가장 많았던 2022년 3월 17일의 신규 확진자 수만 따로 살펴보자. 이날 신규 확진자 수는 무려 62만 명을 넘어섰다. 2020년부터 2021년까지 2년간의 누적 확진자 수가 63만 명 선이었으니, 초기 2년치 감염자가 단 하루에 쏟아져 나온 셈이었다.

연령구분	2022년 3월 17일 기준		
	신규확진자	비율(%)	10만명당 발생률(신규 확진)
0~9세	76,996	12.4	2061
10~19세	80,348	12.9	1707
20~29세	89,347	14.4	1347
30~39세	91,725	14.8	1368
40~49세	93,420	15.0	1144
50~59세	75,509	12.2	874
60~69세	64,217	10.3	892
70~79세	30,525	4.9	819
80세이상	18,880	3.0	886
전체	620,967	100.0	1202

〈표5〉 2022년 3월 17일 신규 확진자의 연령별 분포

〈표5〉는 바로 그날의 신규 확진자 연령별 분포를 도표화한 것이다. 보다시피 급격히 확진자 수가 늘어났지만, 상대적으로 70대 이상의 비율은 높지 않다. 10만명 당 발생률을 보아도 0~19세에 비하면 70세 이상은 절반 이하의 발생률을 보이고 있다.

중앙방역대책본부에 따르면 오미크론 변이의 전파력은 델타 변이에 비해 두 배 이상에 달하는 것으로 보이지만, 치명률은 오미크론이 0.19%, 델타가 0.7%로 1/3 이하 수준이며, 중증화율은 오미크론이 0.42%, 델타가 1.4%로 역시 1/3 이하 수준으로 분석되었다. 그러나 오미크론 변이의 치명률이 무시할 만한 수준인 것은 아니다. 치명률은 여전히 계절 독감의 2배 수준이며, 일반 감기와는 비교할 수 없이 높은 수준이었다.[7]

---

7   김은경, 「치명률 낮아진 코로나19… "법정감염병 단계 하향은 논의 안 해"」, 《연합뉴

오미크론 확산 이후 방역 당국은 고위험군을 제외한 대부분의 확진자는 확진 후 7일간의 자가 격리 및 7일 이후 자동 격리 해제조치를 취하였다. 기본적으로 재택치료를 원칙으로 삼고 있는 셈이었다. 일각에서는 사실상 '재택 방치'가 아니냐는 지적도 나왔다. 고위험군에 속해 생활치료센터에 격리된 경우에도 제대로 된 관찰과 치료를 받지 못하는 경우도 있었다. 확진자의 급증으로 인해 관리와 치료가 어려웠던 탓으로 보인다.

2022년 설 연휴 기간 부산의 한 생활치료센터에 입소 중이던 기저질환자 50대 남성이 사망한 뒤 방치되었다가 발견되었다는 보도가 있었다. 이 남성은 1월 25일 입소 후 상태가 좋지 못했지만, 충분한 조치를 받지 못한 채 사망한 뒤 한참이 지난 2월 1일 오후에야 발견되었다는 보도였다. 2021년 12월에도 비슷한 사례가 있었다는 후속 보도도 있었다.[8]

오미크론 확산 시기 이후, 코로나19 방역 조치는 고위험군을 제외한 계층의 경우는 사실상 집단 면역의 방법을 취한 셈이라고 할 수 있다. 2022년 말 한국의 누적 확진자는 2900만 명에 달했다. 재감염자를 따로 분류해야겠지만, 산술적으로 인구의 60% 가까이 이미 코로나19에 감염된 셈이다. 그러면서도 백신 접종율을 높여 중증화율을 낮추고, 고위험군의 감염을 상대적으로 억제하면서 치명률을 세계 최저 수준으로 관리한 것은 성공적이었다는 평가를 할 수 있겠다.

스》, 2022. 2. 17. https://www.yna.co.kr/view/AKR20220217130000530

8 「부산 생활치료센터 첫 사망자는 9시간 만에 발견」, JTBC, 2022. 2. 17. ;https://news.jtbc.joins.com/article/article.aspx?news_id=NB12047365 「"처벌도 책임도 없다"… 생활치료센터 사망 유족 분통」, JTBC, 2022. 2. 13. https://news.jtbc.joins.com/article/article.aspx?news_id=NB12046669

그러나 코로나19 신규 확진자 수가 가장 많이 나왔던 3월 17일로부터 정확히 일주일 뒤, 22년 3월 24일 코로나19로 인한 일일 사망자 수는 470명에 이르렀다. 위중증 환자 수는 1천 명대에 이르렀고, 각 지역의 화장시설은 비상 운영 체제에 들어갔다.[9] 결국 절대적 사망자수가 크게 늘어나는 것을 막지는 못했던 셈이다.

코로나19 확진자와 사망자가 속출하던 2022년 3월 11~17일 사이 집계된 코로나19 사망자 1,835명 중, 요양병원 및 요양원 사망자는 35.3%(647명)에 달했다. 확진자와 위중증 환자의 수가 절대적으로 늘어나면서 고위험군과 고위험 시설에 대한 치료와 관리가 제대로 되지 못했다고 볼 수 있다.

3. 코로나19 사망자 수와 추가 사망자

역대 가장 많은 코로나19 사망자가 나왔던 2022년 3월 24일에 기록한 470명의 사망자 수는 코로나19 이전 일일 평균 사망자 수에 더하여 그 절반 이상만큼이 늘어난 수치이다. 평소에 비해 사망자 수가 1.5배 이상이 되었다는 얘기다.

2022년 3월, 한 달 동안 한국의 사망자 수는 총 44,487명이었다.[10] 그 한

---

9   「코로나 사망자 470명 역대 최다」, MBC, 2022.3.24. https://imnews.imbc.com/replay/2022/nwdesk/article/6353161_35744.html

10 한국국가통계포털 (https://kosis.kr/) (접속일: 2022.6.5.) 공개된 통계자료이지만, 3월 한 달 간 출생사망자 수 비교하여 도표화한 것임.

달 동안 코로나19로 인한 사망자 수는 8,420명이었다.[11] 2022년 2월까지 26개월 간의 코로나19 누적 사망자 수 8,170명보다 더 많은 생명이 단 한 달 사이에 코로나로 인해 사망한 것이다.

22년 3월 한 달간 태어낸 출생아 수는 22,925명으로, 사망자가 출생자보다 2만 명 이상 더 많은 달로 기록되게 된 셈이다. 2022년 3월의 출생-사망 인구 불균형은 당분간 가장 기록적인 통계로 남게 될 전망이다.

년도/월	13.3.	14.3.	15.3.	16.3	17.3	18.3.	19.3	20.3.	21.3.	22.3
출생아수(명)	38,540	38,021	40,329	38,131	33,196	29,987	27,049	24,190	23,934	22,925
사망자 수(명)	24,221	24,231	26,493	25,208	24,230	25,252	24,985	25,850	26,550	44,487
자연증가건수(명)	14,319	13,790	13,836	12,923	8,966	4,735	2,064	-1,660	-2,616	-21,562

〈표6〉 최근 10년간 3월 한 달간 출생아 수와 사망자 수 비교 도표

위의 도표는 2013년부터 2022년까지 10년간 매 3월 한 달간 출생아 수와 사망자 수를 비교한 도표이다. 출생아 수가 급격히 줄어들고 있고 그로 인해서 자연 증가 추세가 마이너스로 전환된 상황도 엿볼 수 있지만, 22년 3월의 사망자 수가 급격히 높아졌음이 가장 눈에 띌 것이다. 아래는 그 도표를 꺾은선 그래프로 나타낸 것이다.

---

11 「3월 사망자, 67.6% 급증 왜? 1분기 출산율 또 역대 최저」,《중앙일보》, 2022.5.25. https://www.joongang.co.kr/article/25074043

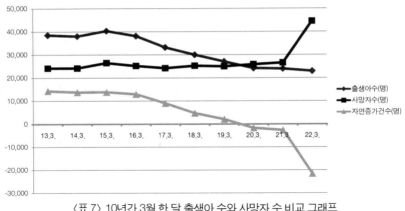

〈표 7〉 10년간 3월 한 달 출생아 수와 사망자 수 비교 그래프

2022년 3월 이전 한 달간 사망자 수를 살펴보면, 21년 12월엔 31,634명, 22년 1월엔 29,686명, 2월엔 29,186명이었다. 대체로 2만 5천 명 내외였던 과거에 비해서, 상당히 늘어난 셈이다. 그런데 2022년 3월엔 한 달간 사망자 수가 44,487명이 되었으니, 이전 3개월 평균 월 사망자 수인 30,168명보다도 1만 4천 명 이상 많은 사람이 목숨을 잃은 것이다. 이 증가폭은 22년 3월의 공식적인 코로나19 사망자 수 8,420명보다도 훨씬 더 많은 숫자이다. 하루 평균으로 생각해보면, 이전 3개월간 매일 약 1,000명의 사망자가 나오다가, 2022년 3월 들어 갑자기 하루 평균 1,435명이 사망한 것이다. 매일 대형 여객기 두 대씩이 추락하거나 매일 삼풍백화점이 붕괴되는 참사 수준의 사망자가 추가된 셈이다.

사망자가 이렇게 크게 늘어난 것은 거리두기를 해제하고, 사실상의 '집단면역' 방식으로 오미크론 변이를 대처한 결과라고 볼 수밖에 없다. 하루 평균 사망자가 평소의 40% 이상 증가하자, 전국의 장례식장과 안치실, 화장장이 포화상태를 넘어 대란을 겪었고, 주차장에 컨테이너 안치실을 두는 일까지 벌어졌다.[12] 화장장을 구하지 못해 3일장 풍속을 무시하고, 2일장이나 5~7일장을 하는 일도 비일비재했다. 원거리 화장장을 이용하고 다시 근거지로 돌아와 납골당 봉안을 하는 일도 많았다. 정부에서는 2022년 5월에 코로나 재유행을 대비해 화장시설 재정비와 확충을 모색하겠다고 발표하기도 했다.[13]

코로나19 사망자 수에 포함되지 않는 부분을 염두에 둔 '초과사망'(excess deaths)이라는 개념을 적용하면, 코로나19의 영향은 더 크게 분석되어야 할 것이다. '초과사망'이란 어떤 특정 사건이 없었다면 일어나지 않았을 죽음을 모두 포괄하는 개념이다. 말하자면, 직접적인 감염 치료 중 사망한 사람 외에도 의료 공백, 격리로 인한 스트레스, 생활고 등이 초과사망의 원인이 될 수 있다. 백신 부작용으로 인한 사망자들도 초과사망의 범주에 포함시킬 수 있을 것이다. 대한의사협회는 코로나19 환자에 밀려 일반 환자들이 제때 치료 받거나 수술 받지 못해 사망한 경우도 약 6% 정도 증가한 것으로 보고 있다. 22년 5월에 발표된 영국 이코노믹포스트의 추정에 따르면, 당시 기준 전 세계 코로나19 사망자 수는 600만 명에 이르렀지만, 초과사망자 수는 1200만~2200만 명에 달할 것으로 보고 있다.[14] 공식 통계로 잡힌 코로나19 사망자 수보다 두 배에서 세 배 이상의 사람이 코로나19 팬

12   백승우, 「실내 안치한다더니… 주차장에 '컨테이너 안치실'」, 채널A, 2022.3.25 https://n.news.naver.com/mnews/article/449/0000224418?sid=102 (접속일: 2022.6.5.)

13   류호, 「화장시설 연내 재정비… '코로나 재유행' 대비」, 《한국일보》, 2022.5.31. https://n.news.naver.com/mnews/article/469/0000678153?sid=102 (접속일: 2022.6.5.)

14   박명윤, 「코로나 초과 사망자」, 《이코노믹포스트》, 2022.5.11. http://www.economicpost.co.kr/36511 (접속일: 2022.6.5.)

데믹 국면에서 간접적인 영향으로 사망에 이르렀다는 추정이다.

특히 우리의 경우, 오미크론 변이 확산이 폭증하면서, 2020~2021년과 달리 코로나19 감염 확진자의 경우에도 시기에 따라 2주, 혹은 1주일 이후에는 자동적으로 '격리해제자'로 분류하고 사실상 완치자로 간주하였다. 그래서 코로나19에 감염되었다가 1~2주의 격리 기간 동안 치료를 받다가 증상이 잠시 호전되나 싶더니, 다시 악화되거나 기저질환과의 합병증으로 인해 확진된 지 2주 이후에 사망한 사람의 경우에는 '코로나19 사망자'로 분류되지 않았다. 현재 코로나19 사망자로 간주되는 사람은 코로나19 확진으로 입원했다가 지속적인 증상 악화로 사망한 경우이거나 사망한 뒤에 감염자로 확진된 경우이다. 공식적인 코로나19 사망자 수에 포함되지 않는 코로나19 영향 사망자가 더 많이 있을 수 있다는 의미이다.

2020년 국제폐암연구 협회의 컨퍼런스에서 발표되고 『흉부 종양학 저널』(*Journal of Thoracic Oncology*)에 실린 논문(R. Reys, 2021)에 따르면, 코로나19 이전에 비해 신규 폐암 건수는 38% 줄어들었지만, 중증 사례는 오히려 늘어났다. 연구진은 스페인의 3차 의료 기관 두 곳에서 코로나19 이전인 2019년 상반기와 코로나19 이후인 2020년 상반기의 폐암 관련 사례를 조사 분석했는데, 신규 폐암 확진 비율은 감소했다. 비소세포 폐암은 36% 감소했고, 소세포 폐암은 42% 감소했다. 하지만 중증으로 확산된 경우는 오히려 늘어났다. 입원 환자 중 입원 중 사망률은 17%에서 44%로 높아졌다. 확정적으로 판단하기에는 무리가 있지만, 이 논문의 연구진들은 코로나19 기간에 의료 서비스가 코로나19 환자들에게 집중이 되고, 수많은 사람들이 격리되면서 암 진단이나 건강 관리를 받기 어려워진 것을 원인으로 추정하였다. 코로나19 팬데믹이 장기간 지속될 경우, 암 진단과 치료

를 보장하기 위해 노력을 기울여야 한다고 이 논문은 주장하였다.[15]

　이 논문은 처음 2021년 1월에 발표될 때, 팬데믹이 더 장기적으로 지속될 경우에 이러한 초과사망이나 코로나19로 인한 간접적인 사망률 증가 영향을 주목해야 한다고 강조하였다. 실제로 3년간 이어진 코로나19는 공식적 통계로 보여주는 피해보다 훨씬 더 많은 사람의 생명을 앗아갔다고 볼 수 있다. 코로나19로 인한 경제적 피해, 정신적 우울감 등으로 인한 영향까지 고려하면 얼마나 큰 영향을 미쳤을지 가늠하기도 어렵다.

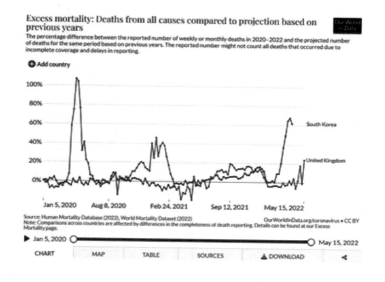

〈표8〉 코로나19로 인한 초과 사망률 추이 한국-영국 비교
출처: https://ourworldindata.org/

15　R. Reys et al., "Impact of COVID-19 Pandemic in the Diagnosis and Prognosis of Lung Cancer", *Journal of Thoracic Oncology*, Vol.16, Issue 3, Supplement, March 2021, S.141. https://www.jto.org/article/S1556-0864(21)00261-6/fulltext

〈표8〉이 보여주는 초과사망률의 통계는 코로나19 초기부터 2022년 5월까지 한국과 영국의 초과사망률 추이를 보여준 것이다. 이 통계를 보면, 코로나19 초기에는 영국에서 훨씬 더 많은 사람을 잃었지만, 2022년 이후에는 한국이 훨씬 큰 피해를 입었다는 것이 드러난다.

코로나19 팬데믹 3년 동안, 우리는 숫자를 늘 주목해 왔다. 일일 확진자 수가 얼마나 늘었는가, 백신 접종율은 얼마였는가, 사망자 수는 몇 명이었는가와 같은 숫자들 말이다. 물론 숫자를 분석하는 것은 중요하다. 그런데 그저 숫자의 추이만 살펴보는 것만으로는 충분하지 않다.

앞서 살펴본 것처럼 2022년 3월, 크게 늘어난 사망자 수가 무엇을 의미하는지 정확하게 이해하는 것이 필요하다. 인터넷 커뮤니티에는 "하루에 고작 2~300명 사망자가 늘어났다고 화장장이 모자르다는 것이 이해되지 않는다"는 의견[16]이 게시되곤 했다. 평소 사망자 수보다 얼마나 늘어난 수준인지를 알지 못하면, 2~300명이라는 숫자의 의미를 짐작하기 어려울 수 있다.

2022년 3월에 월 사망자 수가 4만 4천명을 넘어선 이후, 4월엔 36,697명, 5월에 28,859명, 6월에 24,850명, 7월에 26,030명, 8월에 30,001명, 9월에 29,199명, 10월에 29,763명을 기록하면서 2만 5천명에서 3만명 사이로 다소 안정된 추이를 보였다. 2022년 상반기, 특히 3월에 집중된 코로나19 감염자 폭증은 한편으로는 우리가 일상을 회복하고, 실외에서 마스크를 벗고 생활할 수 있는 환경을 만들어주었다. 또 한편으로는 취약한 계층,

---

16 "코로나로 하루 200-300 정도 죽는데 화장장이 모자르다? 기자가 제대로 취재한 거 맞나여?" https://cafe.naver.com/driverworld/1318764 (접속일: 2022.6.5.)

위험한 공간에 머물고 있던 이들의 생명을 지키내지 못하고 사망자 폭증이라는 결과를 맞이하게 하였다.

4. 취약한 사람들

코로나19에 걸리지 않은 경우에도, 코로나 시대는 홀로 사는 이들, 특히 고령이거나 질병, 장애를 갖고 있는 이들에게 치명적이다. 안 그래도 쉽지 않은 주변과의 교류나 만남, 소통이 방역수칙을 이유로 차단되거나 줄어들면서, 홀로 지내는 시간이 길어지기 마련이다. SBS의 2022년 2월 18일자 보도에 따르면, 경로당 시설은 서울에서만 3천 4백여 곳이 문을 닫았고, 교류와 소통 통로였던 모임이나 중단된 경우도 비일비재하다고 한다.[17] 그러다 보니 우울증 증상이 나타나거나 관련된 증상이 악화된 경우가 많아졌다. 고립된 채로 지내다가 홀로 죽음을 맞는 고독사 위험도 크게 증가하였다.

본래 혼자 외롭게 살거나 누군가의 돌봄을 필요로 하던 이들에게 코로나19의 고통은 더욱 클 수밖에 없었다. 우리나라에서 요양시설의 대면 면회와 외출은 코로나19 이후 거의 2년간 통제되었고, 지금까지도 제한적으로만 실시되고 있다. 2021년 11월 소위 '위드 코로나' 이후, 방역 체계가 고위험군 관리와 중증 환자 치료에 초점을 맞추는 것으로 바뀌면서, 일반

---

17 「소외된 죽음, 코로나 이후 급증하는데」, SBS, 2022. 2. 18. https://news.sbs.co.kr/news/endPage.do?news_id=N1006646263

국민들의 일상은 조금 회복되었는지 모르겠지만 요양시설의 면회 차단 조치는 더욱 강화되었다. 2021년 추석 무렵 일부 대면 면회가 허용되었지만, 2022년 설에는 대부분 비대면 면회조차 금지된 채로 명절을 보내야만 했다. 코로나19 이후 요양시설 거주자나 요양병원 환자들의 입장에서, 배려와 도움을 받은 것은 이들에게 '백신 접종 기회'를 먼저 주었다는 것 하나뿐이다. 이들이 가장 감염병에 취약한 곳에 있는 이들이기 때문이지만, 그들의 삶의 행복도는 더욱 취약해졌는지도 모른다. 이들에 대한 백신 접종은 의료진과 코로나19 직접 대응 인력을 제외하면 가장 먼저 이루어졌고, 지금은 백신 4차 접종 우선 대상으로 꼽히고 있다. 백신 접종으로 인해 집단 감염이나 집단적 사망을 일정 정도 감소시킨 것도 사실이겠지만, 인간다운 삶과 가족 간의 교류는 회복할 수 없을 정도의 타격을 입었다.

요양시설의 환자와 가족뿐만 아니라, 그곳의 직원이나 요양보호사들, 의료진들 역시 큰 고통을 겪어야만 했다. 집단 감염과 코호트 격리, 대규모 인명 피해로 이어지는 끔찍한 시나리오를 피하는 길은 스스로를 격리 수준으로 관리하거나, 외부와의 접촉을 최소화하는 방법밖에 없었을 것이다. 수시로 수도 없이 반복되는 PCR 검사를 견뎌내는 것도 당연한 일이었다.

코로나19 이전에도 우리나라의 요양병원에서는 매일 평균 240명의 사망자가 발생하고 있었다. 전국적으로는 1년에 평균 30만 명 정도가 사망하는데, 이 중 65세 이상 노인의 비중은 약 75%이다.[18] 매일 600여 명의 65세 이상 노인이 사망하는 셈이다.

---

18   코로나19로 인한 국내 사망자는 70대 이상이 77% 정도를 차지한다.

통계청의 2020년 인구주택총조사 결과에 따르면, 65세 이상 인구는 784만여 명인데, 이 가운데 21.2%인 166만 1천 명이 1인 가구이다. 노인 5명 중 한 명은 혼자 살아가는 것이다. 이는 노인 요양시설 등 집단생활 거처에 거주하는 고령층을 제외한 수치이다. 80세 이상 홀로 살아가 노인만 해도 47만 명에 이른다.[19]

고령자일수록 감염병과 일반 질병에 취약하다는 것은 당연한 상식이지만, 취약할수록 돌봄이 필요하다는 상식은 실제현실에서 잘 적용되지 않고 있다. 요양시설의 노인들도 취약하지만, 홀로 거주하는 노인들의 취약성은 더욱 심각하다고도 할 수 있다. 연령과 상관없이 홀로 생활하게 되면 건강 관리와 영양 유지에 취약해질 수밖에 없다. 우리나라의 경우, 모든 연령대를 통틀어 1인 가구는 전체 인구의 30%에 이른다.

그러다 보니 홀로 생활하다가 누구의 도움도 받지 못하고 죽음에 이르는 이른바 '고독사'도 빈번하게 일어나고 있다. 보건복지부에 따르면 1년간 고독사 인구는 2017년 2,008명에서 2020년 3,052명, 2021년 3,159명으로 늘어났다. 고독사의 증가는 1차적으로 1인 가구의 증가가 원인일 것이고, 코로나19로 인한 외부 접촉과 교류의 차단이 심해진 탓도 있을 것이다. 코로나19는 보건소와 복지 관련 일손을 더욱 제한적 업무에 가둬 두게 만들었고, 그로 인해 보살핌이나 관심이 소홀해지고 복지의 사각지대가 더 커진 탓도 있었을 것이다.

---

19 「노인 1인 가구 166만⋯ 5년새 44만 가구 증가」, 《조선일보》, 2021.8.3. https://www. chosun.com/economy/economy_general/2021/08/03/XUFUIVHWBNB5DMTFEYQN QZMWBI/

정부와 국회도 나름의 대응책을 내놓기는 하였다. 2020년 3월 고독사 예방 및 관리에 관한 법률이 제정 공포되었고, 2021년 4월부터 약칭 '고독사 예방법'으로 불리는 이 법률이 시행되고 있다. 더불어 고독사 예방 및 관리에 관한 법률 시행령과 시행규칙도 제정되어 시행 중이다. 이 법률의 주요 내용을 보면, 국가 및 지방자치단체는 고독사 위험자를 사전에 파악하고, 이들을 위험으로부터 보호하기 위해 정책을 수립하고, 예방과 대응을 시행해야 한다고 규정해 두고 있다. 이 과정에서 필요한 형사사법 정보의 제공, 통계 분석 및 조사 연구가 진행될 수 있도록 규정해 두고 있다. 고독사를 예방하기 위해서는 위험을 진단하기 위해 개인 정보 조사나 실태 파악이 필요한데, 이를 위한 법적 장치가 어느 정도 마련되어 있는 셈이다. 그러나 실제로 관련 인력과 행정적 손길은 부족할 수밖에 없다. 실질적인 돌봄과 보살핌이 필요하다고 판단되더라도 일손은 부족하고, 예산도 넉넉하지 않다. 코로나19 국면에서는 상호 간의 감염 위험도 적극적인 개입을 어렵게 하는 요소가 되고 있다.

5. 나가며: 애도와 성찰의 시간

2021년 11월, 전국언론노동조합은 제31회 민주언론상 보도부문 특별상 수상작으로 《부산일보》의 '늦은 배웅-코로나19 사망자 애도 프로젝트'를 선정했다. 언론노조 측은 '늦은 배웅' 보도가 "코로나19 사망자와 유가족, 확진자 등 피해자에 대한 사회적 낙인과 혐오의 시선을 변화시켜, 언론노조 강령 중 하나인 인간의 존엄성을 지키는 데 기여했다."라고 평가했다.

'늦은 배웅'은 제13회 한국기독언론대상, 제20회 언론인권상 특별상, 제25회 일경언론상도 수상하였다.[20]

'늦은 배웅' 보도는 설치미술가 박혜수 작가의 애도 프로젝트 기획에서 비롯되었다. 박혜수 작가는 유가족들이 떠난 이에게 제대로 된 애도의 시간도 갖지 못하고, 주변의 위로도 받지 못함은 물론, 오히려 멸시와 혐오를 겪어야 하는 현실을 극복하길 기원하는 의도에서 '애도 프로젝트' 작품들을 구상했다. 여기에서 착안하여 부산일보는 유족들의 사연을 모아 함께 애도하는 부고를 모집하기 시작했다. 2021년 3월 4일의 지면 알림을 통해서였다.

2021년 4월부터 부산일보는 코로나19 사망자들의 뒤늦은 부고를 성유진 작가의 그림을 덧붙여 연재하기 시작했고, 이 내용은 부산시립미술관에서의 박혜수 작가의 기획 전시회에 포함되기도 했다.

2021년 6월 20일부터는 가슴아픈 사연의 주인공들과의 심층 인터뷰를 통해 '늦은 배웅' 기사들이 10주에 걸쳐 모두 10화로 연재되었다.[21] 연재가 마무리된 후, 2021년 9월 말에는 '늦은 배웅' 인터랙티브 페이지를 열었다.(http://bye.busan.com/) 이 페이지의 '보고 싶은 그대' 챕터에는 10회의 기획 기사가 재편집되어 실렸다. 유가족은 물론, 요양보호사, 장례지도사, 의료진들의 이야기도 포함되어 있다. '기억합니다-추모의 벽' 챕터

20 남형욱, 「부산일보 '늦은 배웅' 기획보도, 제31회 민주언론상 특별상 수상」, 《부산일보》, 2021.11.21. http://www.busan.com/view/busan/view.php?code=2021111914505027568 (접속일: 2022.6.5.)

21 이대진, 「늦은 배웅 1화 - "한줌 재로 마주했던 어머니의 마지막 … 안타깝고 죄스러운 마음 명에로 남아"」, 《부산일보》, 2021.6.20. http://www.busan.com/view/busan/view.php?code=2021062019171441189 (접속일: 2022.6.5.)

에는 유족들에게 누구나 추모의 메시지를 남길 수 있게 되어 있는데, 추모 글을 쓰고 게시 버튼을 누르면 '추모의 벽'에 포스트잇 형태로 게시된다. '그립습니다' 챕터는 이미 돌아가신 분들에 대한 늦은 '부고'를 게시할 수 있게 해놓았다. 코로나19로 사망한 분이 아니어도, 글을 남길 수 있다.

《한겨레》도 2022년 5월 16일부터 "코로나로 빼앗긴 삶 23709"[22] 기획 기사를 연재하기 시작했다. 2022년 봄은 3년째 이어진 코로나19로부터 일상을 회복하고 마스크를 벗을 수 있게 된 때로, 누군가에겐 기쁘고 자유로워진 시기로 기억되겠지만, 동시에 한국에서의 대다수 코로나19 사망자가 나온 시기였다. 《한겨레》의 보도에 따르면, 2022년 5월 15일 0시 기준 코로나19 사망자 23,709명 중 64%가 2022년 봄에 집중적으로 사망했다. 당시 한국의 코로나19 치명률은 0.13%로 세계적으로 낮은 수치이지만, 오미크론 확산이 정점을 이루던 "22년 3월 하루 확진자 수 40만 명을 기록한 것은 그로부터 일주일에서 열흘 뒤 40만 명의 0.13%인 약 500명이 하루에 사망할 것이라는 예고"였다.[23] 《한겨레》는 기사 연재와 더불어, 추모편지를 남길 수 있는 공간과 코로나19 관련 데이터를 제공하는 페이지를 포함한 인터랙티브형 온라인 추모관 "애도"(https://www.hani.co.kr/

22 기획기사가 연재되면서, 이 숫자는 계속 업데이트되고 있다. 5월 30일에 게재된 세 번째 기사 「관리받지 못한 집중관리군」에는 "코로나로 빼앗긴 삶 24158"이라는 부제가 붙어 있다. https://www.hani.co.kr/arti/society/health/1044865.html (접속일: 2022.6.5.)

23 이 문장은 《한겨레》 기사를 거의 그대로 인용한 것이지만, 실제일일 확진자 수가 최대였던 것은 2022년 3월 16일로 621,328명이었고, 일일 사망자 수는 3월 24일 470명으로 역대 최고치를 기록했다.

interactive/mourning/) 페이지를 개설하여 운영하고 있다.

2022년 말 현재, 한국의 코로나19 누적 확진자는 약 2900만 명이고, 사망자는 약 3만 2천 명이다.

월드오미터의 통계에 따르면, 한국의 누적 확진자 수는 미국, 인도, 프랑스, 독일, 브라질, 일본에 이어 일곱 번째로 많고, 누적 사망자 수는 34번째로 많다.[24]

이 커다란 숫자들보다 더 중요한 것이 있다. 그 숫자 하나하나는 바로 생명을 의미한다는 것이다. 일본의 배우이자 작가인 기타노 다케시는 자신의 책 『죽기 위해 사는 법』에서 지진으로 인한 재난 사고에 대해 언급하면서, 가령 "5천 명이 죽었다는 걸 5천 명이 죽은 하나의 사건으로 한 데 묶어 말하는 것은 모독"이라며, 그것은 "한 사람이 죽은 사건이 5천 건 일어났다"고 말해야 마땅하다고 주장한다.[25]

《부산일보》의 '늦은 배웅'과 《한겨레》의 '애도'와 같은 프로젝트는 코로나19의 영향이 잠잠해지고 코로나19를 과거의 일로 넘기려는 듯한 지금, 숫자들에 감춰진 사람을 다시 바라보게 만들고, 목소리에 귀기울이게 해준다.

3년간 이어진 '숫자'의 행렬에 우리는 숫자에 감춰진 생명과 사람, 고통, 아픔, 눈물을 세심히 들여다보지 못했다. 재난적 감염병 상황에서의 숫자는 곧 생명이다. 줄어든 숫자에 안도하고 마스크를 벗게 되었을 때, 우리는 수많은 죽음이, 특히 취약층의 죽음들이, 그 희생을 떠안은 덕분에 누

---

24   https://www.worldometers.info/coronavirus/ 2023.1.5. (접속일: 2023.1.5.)
25   기타노 다케시, 양수현 역, 『죽기 위해 사는 법』, 씨네21북스, 2009, 72쪽.

리게 된 자유임을 잊고 있었다. 우리가 일상을 회복한 대가는 가장 취약한 곳의 취약한 이들의 '생명'을 담보로 한 희생이었다.

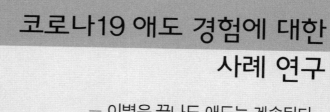

코로나19 애도 경험에 대한 사례 연구

─ 이별은 끝나도 애도는 계속된다

양준석 (한림대 생사학연구소 연구원)

1. 성찰의 부재

사고나 재해로 가족을 잃은 유족은

쇼크, 분노, 긴 슬픔과 우울 상태의 시기를 거쳐

드디어 죽은 사람이 남기고 간 생각, 고인의 유지를 깊이 듣는 때가 온다.

그리고 고인의 유지를 사회화하기 위해

슬픔을 가슴에 안고 앞을 향해 걷기 시작한다

- 노다 마사아키, 「떠나보내는 길 위에서」 중에서

2022년 10월 29일. 다양한 인종과 수많은 사람들이 어울리는 이태원 거리에서 300여 명이 넘는 사상자(사망자 156명)가 유례없는 압사 사고로 죽음을 당했다. 코로나19에도 성공적인 K-방역으로 세계 최고의 안전지대로 찬사 받던 우리나라가 어떻게 하루아침에 전 세계인의 주목을 받는 참사의 진원지가 된 것일까. 죽음의 현장에 '국가와 지자체는 없었다'고 탄식할 만큼 공권력의 부재와 무능한 대응에 마음이 무겁기만 하다.

1029 참사로 확인되는 것처럼 우리 사회도 울리히 벡(Ulrich Beck)[1]이 말한 위험사회(risk society)로 진화하면서 대규모 죽음이 상시화되고 있다. 2014년 세월호 참사라는 집단적 죽음을 경험하고서도 이에 대한 반성은 커녕 사회적 참사가 여전히 반복되는 일을 경험하며 죽음에 관한 한 안전한 지대는 없다고 느낀다. 그러나 더 심각한 문제는 '산 저승'에서 하루하루 비통함을 겪고 있을 유가족들이다. 그들의 심정을 감히 누가 헤아릴 수나 있을까. 고인들과 유대감이 깊었을 이들이 지금 이 순간에도 절절하게 경험할 고통을 생각하면 생각이 멈출 만큼 먹먹해진다. 한 존재의 죽음은 개인의 문제인 동시에 가족의 문제이며 사회의 문제이기 때문이다.

참사나 자살과 같은 트라우마적 죽음은 주변 사람 8명 이상에게 치명적이고 심각한 심리적, 신체적 영향을 미친다고 한다. 특히 충분히 애도할 수 없는 죽음이라면 더더욱 그러할 수밖에 없다. 대규모 참사를 바라볼 때 사고의 비참함, 죽은 사람의 원통함, 이후 진상규명과 관련자 처리 과정에는 관심을 두지만, 정작 유족의 마음에 꽂힌 죽음의 독침이 얼마나 심각한지는 관심을 두지 않는다. 그러나 참사로 인한 죽음은 유족들을 여러 측면에서 괴롭힌다. 단지 죽은 고인에 대한 애착뿐만이 아니라 어떻게 이렇게 죽을 수 있는가 하는 부당하다는 생각과 그로 인한 억울함, 사랑하는 이들을 두고 먼저 죽어 버린 사람에 대한 원망, 고인에 대한 자책감 등 혼란스러운 감정에 시달리기 때문이다. 죽기 전날 좀 더 다정하게 해주지 못했던 일들이 생각나거나 꿈자리가 사나웠던 것을 기억하며 그곳에 가지 말라고 했더라면 어땠을까 하는 후회감에 몸서리치고, 왜 하필 그 골목에 들어서서

---

1   울리히 벡, 『위험사회』, 홍성태 옮김, 새물결, 2006, 63~77쪽.

그런 일을 당했는지, 끝없는 자책과 원망이 꼬리에 꼬리를 물고 생긴다.

어쩌면 자책과 원망 또한 충격적 사건에서 살아남은 자들이 자신을 이승에 남기고 간 사람을 향한 애도의 과정일지도 모르겠다. 유족들은 각자의 슬픔을 안고 긴 시간의 애도의 과정을 겪을 것이고 어느 단계에선 사별을 수용하고 삶을 재구조화하며 현실로 나아갈 수 있을 것이다. 물론 이 과정은 애도자들의 자원과 사회적인 관심에 따라 어떤 상태에선 악화의 길로 어떤 상태에선 회복의 길로 상승과 하강을 반복하며 하루하루를 보낼 것이다.

분명한 것은 우리 사회가 여전히 위기에 취약한 시스템으로 구축되어 있으며, 이런 일이 또 반복될 수 있다는 것을 알아야 한다는 점이다. 어제의 죽음은 그들에게 일어난 일이지만, 내일의 죽음은 내 일이 될 수도 있는 것이다. 이태원 참사로 고인이 된 이들은 죄가 없다. 그들을 비난하지 않아야 하는 것은 물론이려니와 슬픔에 잠긴 유족들에게 죽음의 책임을 묻는 일은 더더욱 하지 말아야 한다. 참사를 겪은 사람들을 치유하는 가장 큰 요인은 고통의 동질성이라고 한다. 당신도 나도 죽음 앞에 희생당한 자라는, 연민의 마음이 치유의 원동력인 것이다.

2001년 9.11 테러 이후 세계무역센터 건물이 있던 자리에는 초고층 건물을 대신해 물이 아래로 흘러내리는 두 개의 연못이 생겼다. '부재의 성찰'(Reflecting Absence)[2]이라는 이름이 붙은 연못 외곽에는 희생자들의 이

---

2   '부재의 성찰'은 2001년 9.11 테러로 희생당한 이들을 추모하기 위해 마이클 아라드(Michael Arad)가 설계한 추모공원의 부제로 '의도가 있는 침묵, 목적을 가진 공백'을 목적으로 만들었다고 한다. 여기서 부재는 당시 붕괴된 쌍둥이 건물과 테러로 목숨을 잃은 희생자의 부재를 상징한다고 한다.

름이 새겨져 있는데, 그 이름들을 잊지 않은 이들과 아픔을 겪은 유족들에 공감하는 사람들이 가져다 놓은 꽃들이 오늘날에도 여전히 공간을 가득 메우고 있다.

반복된 참사는 단순한 사고가 아니라 인재(人災)이다. 시간이 흐르면 당연한 듯 죽음의 흔적을 지우려는 시도에 결연한 태도로 반대해야 한다. 우리가 잃어버리고 있는 것을 있는 그대로 드러내고 불안과 두려움을 구체화함으로써 의미를 불어넣어야 한다. 삶의 본질은 죽음을 마주할 때 드러나고 죽음의 의미를 사유할 때 삶은 더욱 풍요로워진다. 마땅히 있어야 할 존재가 부재하는 상황에 대한 뼈아픈 성찰을 잊지 말아야 할 것이다.

2. 생사인문학의 관점에서 본 코로나에 대한 사유

2022년 9월 14일 테드로스(Tedros Adhanom Ghebreyesus) 세계보건기구(WHO) 사무총장은 화상 기자회견에서 코로나바이러스(corona virus)에 의한 팬데믹(pandemic)에 대해 "우리는 아직 그곳에 도착하지 않았지만, 끝이 보인다"고 말했다. 물론 많은 의과학자들은 이러한 말들이 정치적인 수사라고 의심하고 있지만, 2020년 세계보건기구가 코로나19를 팬데믹으로 부르기 시작한 이후 가장 낙관적인 평가이어서 반가우며 무척 기대되는 현실이다. 실제 많은 사람들도 심리적으로 포스트 코로나(post corona)를 경험하고 있다고 생각한다.

그러나 포스트 코로나, '뉴노멀'(new normal)에 대한 개념적 정의조차 정리되지 않아 코로나 이후 세상에 대해서는 아직은 누구도 예측하기가 쉽지 않다. 분명한 것은 코로나 이후 미래의 현실은 지금까지 살아온 과거와는 분명히 다르다는 것이다.

실제 우리들은 코로나19를 경험하면서 하이데거(Martin Heidegger)가 분석한 바와 같이 비본래적(uneigentlich)인 삶을 살아 왔다(박예은, 2021). 하이데거는 팬데믹이나 전쟁과 같은 압도적인 사태를 경험하면 할수록 사람들은 깊이 있는 삶이나 전체성이 결여된 비본래적 삶을 살아가는데, 이러한 삶은 잡담과 호기심, 애매성을 특징으로 한다고 보았다. 잡담(gerede)이란 직면한 바이러스에 의한 죽음에 대한 근본적 질문보다는 뻔한 이야기를 나누는 것이다. 우리는 지난 3년간 수많은 뉴스를 통해 매일 코로나19로 인한 감염자 수 통계나 사회적 거리두기, 방역지침, 백신 접종 등에 대해 이야기를 나누면서 세상을 잘 이해하고 있고 확신에 찬 해석으로 본인들은 잘 살고 있다고 생각하고 있다. 호기심(Neugier)은 코로나의 시작이 어디서부터 어떻게 시작되었는지 그 근본에 대한 이해보다는 감각적인 호기심을 충족하면서 자극적인 소재들을 찾아 온라인 게임이나 새롭게 유포되는 가짜뉴스에도 팩트 체크 없이 자신들의 카톡방이나 밴드방에 거짓된 정보들을 전달하고 이를 유포하는 매개체로서 숙주의 역할을 충실이 하고 있다는 것이다. 애매성(Zweideutigkeit)은 무엇이 참이고 거짓인지 알 수 없는 애매함의 세계에서 자신들의 정보들을 가지고 주변 사람들의 노력을 조롱하거나 언제 어디서든지 자신도 감염될 수 있다는 생각에 긴장관계를 갖고 서로를 탐색하고 적의를 드러내기도 한다. 이처럼 하이데거가 100여 년 전에 『존재와 시간』[3]에서 분석했던 죽음을

---

3   하이데거, 『존재와 시간』, 이기상 옮김, 까치, 2009.

부정하는 삶의 양식은 그때나 지금이나 달라진 것이 없어 보인다.

실제 코로나19는 우리 사회 삶의 질뿐만 아니라 죽음의 질의 지속적인 저하로 코로나 PTSD 장애와 자살률이 증가했고, 코로나19로 인한 예상치 못한 우발적인 죽음도 급격하게 증가하고 있다. 이러한 증가는 감염확산에 대한 불안과 그에 따른 공포로 인해 기존의 임종과 애도, 장례 문화를 급속하게 변모시키는 계기가 되고 있을 뿐만 아니라, 삶에 대한 생각도 급변하는 계기가 되고 있다.

정부의 방역지침인 백신 접종, 사회적 거리 두기, 일시 멈춤, 마스크 쓰기 등이 일상화되고 있지만 바이러스에 대한 경험은 국가 · 지역 · 공동체 · 개인별 · 지역별로 동일하지 않았다(Badone, 2020).[4] 실제 코로나19는 개인의 사회문화적 배경, 개인적 상황에 따라 각기 다르게 다가오는데, 특히 코로나19 시기에 죽음을 경험한 사람들의 충격과 공포는 더할 나위가 없다. 이렇듯 코로나19는 현재진행형의 위기이며 누구나 언제든지 어디서든지 어떤 방법으로든지 죽을 수 있다는 생각에 '죽음의 현저성'(Mortality Salience)[5]을 촉발시키고 있다는 것은 주지의 사실이다. 사실 누구나 죽는다는 사실은 안다. 하지만 죽음이 나 자신의 이야기로 미래가 아닌 현재에 일어날 수 있다는 사실로 느끼게 된다면 이는 달라질 수밖에

---

4 Ellen Badone, "From Cruddiness to Catastrophe: COVID-19 and Long-term Care in Ontario", Medical Anthropology, Vol 40, 2020, pp.389-403.

5 제프 그린버그(Jeff Greenberg), 셸던 솔로몬(Sheldon Solomon), 톰 파진스키(Tom Pyszczynski)의 공포관리이론(Terror Management Theory)에서 주장하는 개념으로 어떤 계기로 죽음을 각성하게 되면 죽음에 대한 억압이 해제되고 의식세계에 죽음이 또렷하게 나타나는 상태가 된다고 한다. 죽음의 현저성은 죽음의 위협과 공포를 현실적으로 인식하고 이를 관리하기 위해 문화적 세계관과 자존감을 증진시킨다고 한다.

없다. 이런 측면에서 코로나19는 하나의 사건에만 머무는 것이 아니라 인간 스스로에게 근본적인 질문들을 던지는 화두이며 의미체이다.

또한 코로나19의 방역으로 인해 간과된 사실이 있다. 생명의 안전이 모든 방역지침의 제1원칙이 되면서 죽음의 존엄성이 간과되었다. 인종과 문화, 종교가 달라도 고인과 이별하는 상장례(喪葬禮)는 엄숙하고 예법을 지키기 마련인데, 코로나19 사태로 죽음에 대한 예법이 제한되고 죽어 가는 사람과 죽은 이에 대한 존엄성을 지키는 게 불가능해진 게 현실이다. 대다수 나라에서 유족과 대면하지 못한 채 임종을 맞이하고 장례식은 생략된 채로 지내는 것이 다반사였다.

팬데믹 시대에 죽음은 사후 처리에 그 참혹상이 드러났는데 2021년 2월 23일에 발표된 〈코로나바이러스 감염증-19 장례관리 지침〉 제2판[6]에 따르면 "코로나19로 인한 사망자는 잠재적인 전염성이 있으므로 모든 경우에 '표준주의' 원칙을 적용하며, 일부 감염성 질환을 가진 사람의 혈액, 체액 또는 시신의 조직과 접촉할 때 감염될 수 있으므로 노출 최소화 방식으로 시신을 처리"한다고 규정되어 있다. 이러한 〈코로나바이러스 감염증-19 장례관리 지침〉은 선(先) 화장 후(後) 장례가 원칙인데, 감염 우려 때문에 의료용 비닐백에 밀봉한 시신을 염습도 못 하고 수의도 입히지 못한 채 사망 당일에 화장한다고 관계자들은 증언했다(강봉희, 2021).[7] "코로나19로 사망한 고인은 의료용 팩에 밀봉된 채로 병실 밖으로 나와 안치실로 이

---

6 중앙방역대책본부 · 중앙사고수습본부, 『코로나바이러스 감염증-19 사망자 장례관리 지침』 제2판, 2021.
7 강봉희, 『나는 죽음을 돌보는 사람입니다』, 사이드웨이, 2021.

동된다. 이후 관으로 옮겨서 결관(끈으로 관을 동여맴)된다. 영구차까지 관을 옮기는 운구도 거리 두기를 위해 가족이 아닌 장례지도사가 진행"(홍완기, 2021) 등 팬데믹을 겪으면서 장례식을 제대로 치르지 못하고 이 과정에서 죽음의 존엄성이 존중되지 못한다는 사실은 많은 이들에게 충격을 주었다. 장례식이 애도의 중요한 역할을 한다는 수많은 연구와 우리의 고유한 문화임을 감안하지 않더라도 가족도 못 보고 유언도 못 하고 애도도 못 하는 참담함은 유가족 입장에서 차마 표현할 수 없는 사별 경험일 것이다.

이처럼 코로나19로 변화된 삶과 죽음에 대한 인식은 새로운 애도문화로의 변화를 끌어내고 있다. 역사적으로 애도문화는 다양한 사회적 위기 속에서 만들어지고 결정되며, 오랜 시간 우리의 문화를 형성한다. 실제 필립 아리에스(Philippe Ariès)의 『죽음의 역사』[8]에서 살펴보듯이 사회경제적 위기가 닥쳐오면 우리의 죽음 문화도 종교적 전통문화에서 죽음의 세속화로 변화되었다.

최근 코로나19 시기에 사별 경험을 한 애도자의 돌봄이 사회적 화두로 떠오르고 있는 것은 이 시기에 '애도와 돌봄의 개인화' 문제가 드러나고 있기 때문이다. 사실 사별 경험을 한 애도자는 고인에 대한 상실과 슬픔의 고통뿐만 아니라 이후 새로운 삶에 대한 적응의 문제등 이중적 문제를 가지고 살아야 한다. 그런데 코로나19로 인해 자신의 슬픔을 공식화하지 못하고 애도를 인정받지 못하는 박탈된 비탄(disenfranchised grief)[9]을 경

---

8 필립 아리에스, 『죽음의 역사』, 이종민 옮김, 동문선, 1998.
9 박탈된 비탄(disenfranchised grief)은 도카(Doka)가 착안하고 아티그(Attig)가 발전시킨 개념으로 사회적으로 묵인되거나, 공식적으로 애도하지 못하고, 공개적으로 알려질 수 없을 때 경험되는 비탄 경험으로 자살 유가족이나 펫로스, 사회적 참사이지만 공권력

험하는 사별자들은 고인에 대한 애도와 이후 삶에 대한 돌봄을 기존의 지지 체계와 사회의 상부상조에서 비켜난 채 온전히 개인의 몫으로 감당하는 상황에 내몰릴 수 있기 때문이다. 이에 코로나19 시기에 사별 경험에 따른 애도가 어떻게 변화하고 있으며, 방역을 이유로 만들어진 각종 규제에 애도자가 어떻게 대응하고 있는지 이에 따른 영향과 변화를 살펴보고자 하였다.

이러한 문제의식에서 코로나19 시기에 사별 경험을 한 유족들, 코로나19로 죽은 유족들, 백신 사망자 유족들 등 다양한 유형의 죽음으로 인한 사별 경험자의 특징과 애도문화의 변화가 이후 삶에 어떠한 영향을 미치는지 이해하고자 하였다. 이런 측면에서 코로나19시기의 애도 경험과 죽음의례에 대한 사례 연구는 포스트 코로나 뉴노멀에 대한 구체적인 이론적 토대를 쌓는 기초를 만들 것이며, 이에 기초하여 코로나19 시기의 사별 경험으로 충분히 애도하지 못하고 고통을 받는 이들에게 현실적 개입의 근거를 만들어 낼 것이다. 또한 죽음의 현상 너머에 있는 것을 바라볼 수 있는 대안을 생각함으로써 삶과 죽음의 존엄성을 실현하는 과정을 통하여 삶의 마무리로서 죽음의 존엄성을 다루고자 한다.

3. 코로나 시대 사별을 경험한 사람들의 이야기

본 연구는 코로나19 시기에 사별 경험을 한 유족들, 코로나19로 죽은 유

의 개입으로 애도가 되지 못하는 경험 등을 말한다.

족들, 백신 사망자 유족들 등의 사별 경험 특징과 애도문화의 변화가 이후 삶에 어떠한 영향을 미치는지 이해하기 위해 주제분석을 하였다. 샌들스키(Sandelowski, 2000)[10]에 따르면 주제분석은 특정 이론적 배경 없이 질문을 중심축으로 자료를 수집하고 자료의 의미에 관심을 기울이는 방법이다. 실제 코로나19와 같이 이전과는 다른 팬데믹 현상에 따른 사별 경험과 죽음의례의 의미를 살펴보는 데 도움이 되므로 코로나19 시기의 사별 경험자들의 의미 있는 주제를 끌어내는 데 적합한 분석 방법일 수 있다(김수민, 2019).

참여자	성별	연령	결혼	사별대상	경과기간	사별이유	죽음예상
1	여	56세	기혼	오빠	10개월	코로나	전혀 예상 못함
2	여	28세	미혼	외삼촌	10개월	코로나	전혀 예상 못함
3	여	58세	기혼	모	4개월	코로나	전혀 예상 못함
4	여	62세	기혼	부	5개월	질병(고사)	전혀 예상 못함
5	여	32세	미혼	부	10개월	질병(고사)	예상 못함
6	여	57세	기혼	모	2년 2개월	질병(급사)	예상 못함
7	여	52세	기혼	시모	1년 반	질병	예상
8	여	48세	기혼	부	1년 반	질병	예상
9	여	50세	기혼	모	8개월	질병	예상
10	여	57세	기혼	시모	1년 2개월	질병	어느 정도 예상
11	여	50세	기혼	모	12개월	질병	전혀 예상 못함

〈표 1〉 연구참여자의 사별 경험 특성

10　Sandelowski, M., "The problem of rigor in qualitative research", Advanced Nursing Science 8(3):27-37, 1986.

수집된 자료에서 개념을 식별, 분석하여 주제를 찾아내는 서술적 질적 연구법인 브라운과 클라크(Braun & Clarke, 2006)[11]의 주제분석은 자료가 가지고 있는 반복 패턴을 확인하고 자료에 내재한 '주제'(theme)를 발견하는 것이 연구의 핵심이다. 이러한 주제분석은 자료에 대하여 유연한 연구 방법을 통해 풍부하고 세세한 설명을 제공할 수 있으며, 사회적인 맥락에서의 개인의 의미와 개인의 경험 의미를 인정한다.

본 연구 참여자는 사별 경험이 최소 1개월 이상이며 자발적 참여와 동의서에 서명한 사람으로 사별 경험 경과는 4개월에서 2년 사이이며, 전부 여성이었다. 참여자 모두 의미 있는 대상과의 관계에서 사별 경험을 하였고 그로 인한 충격과 심리적 상처가 심각했다고 한다. 사별 대상은 아버지 4명, 어머니 3명, 시어머니 2명, 오빠 1명, 외삼촌 1명 순이었다. 외삼촌 사별 대상자는 어렸을 때부터 외삼촌과 살아온 관계로 부모보다 애착관계가 깊다고 하여 포함시켰다. 사별 이유는 8병이 질병이었고, 3명이 코로나로 돌아가셨고 이 중 고독사는 2명이었다. 죽음 예상은 '어느 정도 예상'이 3명, '예상 못함'(전혀 예상 못함 포함)이 8명이었다.

본 연구에 11명의 참여자로부터 코로나19 애도 경험과 죽음의례에 대한 의미를 파악하기 위해 연구자에 의해 분석되어 도출된 코드는 총 30개였으며, 3개의 주제와 13개의 하위 주제로 도출되었다.

---

11 Braun, V., and Clarke, V., "Using thematic analysis in psychology", Qualitative research in psychology 3(2), 2006.

1) 준비할 수 없는 죽음

죽음이 두렵고 견디기 어려운 것은 평소 죽음과 같은 불행한 일은 자기에게는 일어나지 않는 일처럼 여김으로써 준비를 하지 않은 상태에서 당하게 되는 일이기 때문이다. 죽음은 특별한 경우가 아니면 예측할 수 없기에 갑자기 다가온 죽음에 대비하는 것은 쉽지 않은 일이다.

우리는 무언가를 예측하며 어느 시기에 죽음을 맞닥뜨릴지 예감을 하며 살아간다. 그런데 그 예감이 죽음과 같은 불행이라면 말로 표현할 수 없는 고통을 느끼며 힘들어한다. 특히 준비 없는 죽음을 통해 온 상실일 때 사별 경험에 온통 사로잡히게 된다. 이런 상황에서 죽음을 맞았을 때 죽음에 대한 충격의 고통과 더불어 어떻게 해야할지 모르는 문제로 혼란스러움을 느끼게 된다. 특히 코로나19 시기에 강화되는 방역지침은 더욱더 죽음 준비를 어떻게 해야할 지 몰라 힘들어 했다.

(1) 인연의 끈질김

> 그게 이제 주변에 아무도 없으니까 이제 이런 일이 생겨 참 안타깝죠. 임종도 아무도 못하고 그러니까 그게 너무 슬픈 것 같아요. ⋯ 떠날 때는 어떤 인사라도 하고 가야 되지 않을까 이런 거 있잖아요. - 참여자 4

> 아빠한테 잘못했던 부분이 생각날 때 아빠한테 너무 심하게 했을 때가 많이 생각이 나요. ⋯ 그걸 직접적으로 아빠한테 표출을 하기도 했었고. 아빠가 많이 속상했을 것 같은 생각이 드니까 돌아가시고 난 다음에 그걸 제일 많

이 후회했어요. - 참여자 5

가족으로 만난 인연은 오랜 시간 동안 관계를 지속해 왔기에 친밀하거나 소원하거나 죽음 앞에서는 어찌할 바를 모른다. 친밀하면 친밀함이 끊어질 것에 대한 두려움과 버려짐으로 힘들어하고, 소원했다면 미안함과 자책감으로 힘들어 한다. 특히 부모가 여러 이유로 이별했거나 혼자서 남겨진 경우라면 고독하게 생을 마감하는 고독사로 연결되어 더욱더 힘들어 한다.

(2) 코로나19 감염 전파에 대한 불안과 스트레스

저는 코로나 3차까지 맞았었거든요. 그런데 코로나 3차를 맞아도 맞는 게 뭔가 정말로 이렇게 내가 맞아도 되는 걸까 아니면 정말 이게 정말 항체가 생기는 걸까 그런 생각도 많이 했었고. 저는 좀 더 신경쓰고 특히 어머니가 맞는 것을 완고하게 반대하셔서서…. - 참여자 2

코로나 때문에 좀 더 자주 못 뵈었던 것 그런 것들이 조금 그렇고, 이제 모든 병이 더 많이 악화되기 전에 내가 조금 더 빨리 어떠한 질병에 대해 서둘러서 좀 조치를 취했더라면 좀 더 건강 상태를 더 건강하게 유지하는 데 도움이 되지 않았을까? 그런 후회스러움이 있죠. - 참여자 6

코로나19 시기에 사별 경험을 한 사람들은 자신이 감염될지 모른다는 불안감과 자신이 오염되어 환자에게 코로나를 전파할 수 있다는 전염 스트레스를 호소하였다. 특히 매일 확진자 발표와 이에 따른 수많은 방역지침들이 공중파를 통해 확인되는 상황에서 당장의 죽음에 대한 상황 대처보다는 방역지침을 따르는 것이 1순위가 되면서, 이를 숙지하고 이행하는 것에 대한 어려움을 경험하였다고 한다. 코로나로 인해 면회가 전면 금지된 것이 자신들의 탓이 아니라 정부의 지침임에도 자신들이 고인에게 소홀했던 것처럼 죄의식을 느끼기도 했으며, 실제 코로나 밀접 접촉자로 분류되어 검사를 받는 동안 돌아가셔서 장례식에도 참석하지 못할지도 모른다는 두려움에 떨기도 했다. 사별자들은 코로나나 자신들의 일상이 바빠서 병원에 모시고 가지 않았던 것을 후회하는 경우가 많았으며, 그것 때문에 죽은 것 같다고 생각하는 경우가 많았다.

(3) 죽음의 소식, 무엇부터 어떻게 해야 할지

엄청 믿기지 않았어요. 그냥 어디 해외 갔다가 그냥 다시 여행 가신 것 같은 그런 느낌이 들어요. 돌아가시고 안 계신 게 그냥 안 계신 게 아니라 멀리 어디 가셨거나 그런 감정으로만 있고, 아예 사라지시고 돌아가셨다는 그런 생각은 안 드는 것 같아요. - 참여자 2

이 일을 내가 어떻게 해야 할 것인가? 아빠 장례 절차를 어떻게 해야 할 것인가? 그런 생각. 앞으로 내가 어떻게 해야 하지? 아이들 데리고 어떻게 해야 하지? 의사 선생님께서 호흡기를 빼고서는 잘해야 1박 2일 아니면 그날 당일로 돌아가실 수 있으시다고 얘기를 했기 때문에 그러면 내가 아이들 데리고 장례식장에서 며칠 지내야 하는데 아이들 학교며 아이들 짐은 뭘 챙겨

야 하지…? -참여자 8

거의 대부분의 사람들이 죽음을 만나면 혼란을 겪는다. 죽음은 한 사람에게 한 번의 사건이기 때문에 준비되어 있지 않고 지금까지 같이 있던 사람과 더 이상 소통을 할 수가 없다. 치러야 할 상·장례 의식, 법적·경제적 문제 등 짧은 기간 동안 해결해야 할 문제가 한둘이 아니다. 그런 일들을 처리하느라 자신의 애도에는 신경을 쓸 겨를이 없어 혼란스럽다. 그리고 대부분은 고인과의 약속을 지키지 못한 사건이나 자신으로 인해 일찍 죽은 것은 아닌지를 고민하며 죽음의 발단에 자신이 개입되어 있다는 생각으로 자책감을 가지는 경우가 많았다.

(4) 충격과 각자의 슬픔

코로나가 장기화되면서 애도자의 입장에서 오빠를 보내고 난 그 외로움, 그리움이에요. 지금 애도자로서 겪는 어려움…. 여전히 못 만난다는 볼 수 없는 그 그리움은요 이루 말할 수가 없어요. 세상이 끝난 것 같아요. - 참여자 1

항상 일만 한 어머니가 불쌍했어요. 아무 잘못 없고 착하게 살아온 분인데… 하면서 매일 원망했어요. 사람도 싫고 목사님도 싫고 교회에 나가는 것도 싫었어요. - 참여자 10

사별 후에는 많은 감정들이 나타난다. 신과 의료진을 원망하기도 하고, 부모님에게 잘 하지 못한 것과 임종 전에 최선을 다하지 못한 것에 대한 후회와 죄책감, 자신의 결정이 문제가 되어 돌아가시게 한 것 같다는 자책감을 표현한 경우가 많았다. 그리고 그런 사태를 맞게 된 것에 분노하기도 했다. 고통스러워하던 고인에게 아무것도 해줄 수 없었던 것을 생각하며 무력감을 표현하기도 했다. 그래도 남은 자식들을 위해 좋은 계절에 떠나셨다는 안도와 감사를 표현하기도 했으며, 가족과 고인과의 추억을 나누며 그리워하는 기회를 가지기도 한다. 힘든 감정을 수습하고 긍정적인 감정으로의 전환이 일어나는 경우는 대부분 생전에 관계가 좋았고, 나눈 추억이 많았으며, 최선을 다한 경우가 대부분이었다.

2) 코로나 19와 함께 한 애도

유례가 없는 코로나19 상황에서 장례를 치르면서 애도 작업은 시작부터 혼란스럽다. 정부지침도 자주 바뀌었고, 그에 따라 무엇을 어떻게 해야 하고 어디까지 연락을 하며 시시각각으로 변하는 상황을 신경 쓰고 그에 따라 절차를 진행하느라 고인에 대한 애도보다는 장례를 치르지 못할 것에 대한 두려움과 죄책감이 앞섰다. 사별의 슬픔을 견뎌내는 과정은 애도 작업에서 매우 중요하고 이 과정을 통해 충격적 사별 사건이 사건화되기 시작한다. 사건화를 통해 사별의 슬픔을 견뎌내고 새로운 과업으로 이행하게 된다.

(1) 기억하는 것조차 빼앗김

이제 비닐로 그 작업을 관에 넣기 전에 딱 1분인데 저한테는 1분이 아니고

한 20초 정도밖에 안 보여준 것 같았어요. - 참여자 3

병원에서 그렇게 돌아가시는 게 너무 싫고 화가 나더라고요. 진짜 사람이 죽는데 다른 사람한테 너의 죽음은 피해가 되니 길바닥에 탁 팽개쳐진 것 같은 느낌이어서 너무 화가 나는데 어디다 말할 데가 없어요. 병원은 너무 안 좋아요. 그리고 삶과 죽음에 대한 인식이 없어요. - 참여자 11

기억하는 것조차 빼앗긴 죽음을 '박탈된 애도'라고 한다. 애도는 슬픈 감정을 밖으로 표현하고 드러냄으로써 상례가 이루어지는데, 박탈된 애도는 그냥 거기 머물러서 고통만 호소하게 된다. 심지어 고통을 호소하지도 못하고 답답해하기도 한다. 고인의 죽음을 확인하고 애도 작업을 해야 하는데 확인도 못 하고 애도도 할 수 없거나 혼재돼서 거기에 머물러 버리는 상태가 된다. 죽음을 직면하지 않고 인정할 수는 없다. 그런데 코로나 시국이기에 시신을 제대로 못 보고 입관이나 염습과 같은 상례의 단계가 생략되어 애도가 박탈될 것 같은 불안을 느낄 경우에는 죽음을 수용할 수 없는 상태가 되어 이후 다양한 문제를 낳았다. 정부의 지침도 있지만 코로나에 걸릴 것에 대한 염려로 부르지 못한 경우도 많고, 불러도 가지 못한 사람들도 많았다. 이 때문에 가족보다 친했던 친구나 이웃도 참석하지 못한 경우가 많다. 유가족은 유가족대로, 참석하지 못한 이들은 그들대로 큰 상처를 받게 되었고, 박탈된 애도를 경험하였다.

(2) 끝없는 죄책감

돌아가실 때 어차피 병원에서 밀폐 병동이라 면회도 안 돼요. 가족들도. 그런데 재난 상황이지만 직접 찾아뵙지 못한 죄책감이 있잖아요. 직접 만나서 위로하고 그래야 하는데. 상황 자체에 대해서는 어쩔 수 없지만 그래도 또 제가 하지 못했다는 죄책감도 있어요. - 참여자 2

호흡이 가쁜 그 순간에 입을 벌리게 돼서 숨이 가쁘니까. 제가 간호사실로 뛰어갔어요. 거즈를 달라고 했죠. 산소호흡기를 끼고 있지만 마지막에 숨을 거두기 직전에 호흡이 힘들잖아요. "그런데 제가요, 제가 아니었죠." 그 무의식의 작동으로 여기 공기 한 방울 안 들어가도록 거즈로 다 막았어요. 죄를 지었죠. 의도적인 거는 아니지만 숨을 쉬기 어려운 어머니 입에 거즈로 제가 막았어요. 제가 죽인 것 같아요. - 참여자 3

애도 작업에서 사별 경험자들이 가장 많이 느끼는 감정 중에 하나가 죄책감이다. 죄책감은 죽음 앞에서 극단적인 속성을 갖는다. 어떤 말도 다시 주워 담을 수 없고 화해할 기회도 없다고 생각한다. 하지 못했던 것에 대한 아쉬움을 표현하며 그런 것들을 했다면 좋았을 걸 하는 마음이 죄책감으로 표현되며 원치 않는 반복된 사고로 스스로를 가둬 둔다. 이런 반복된 사고는 대부분 비합리적인 사고로, 자신의 잘못이 아니라 어쩔 수 없는 상황에서 일어난 것이라는 '현실 검증'을 통해 완화될 수 있으나 그렇지 못한 경우는 위험할 수 있다.

(3) 신경 쓰이는 죽음의례

우리 딸은 직장인인데 할아버지 돌아가셨다고 바로 왔어요. 그 전날부터 내려올 때도 딸이 열이 났어요. 우리 손녀도 열이 났고요. 그게 코로나인 줄 몰랐어요. 장례식에 참석한 사람들이 와서 많이 확진이 돼서 또 미안함도 들고 그랬죠. 애도에 신경 쓸 겨를이 없었죠. 그 자체만으로도 일단 엄청난 스트레스였죠. 미안하고. - 참여자 4

일단 뭐 사람이 많이 모일 수 없으니까 조문객을 맞이하는 것이 일단 조심스럽죠. 다행히도 거기가. 지금 같으면 조문을 못했을 텐데. 그때는 과도기라서 좀 허용되던 때라. 그래도 제일 걱정됐던 것이 음식 먹고 가신 분들이 조금이라도 감염 여부가. 다행히도 거기가 상당히 넓고 환기가 되는 곳이라. 그 부분이 제일 신경 쓰였죠. 감염 위험 때문에. - 참여자 6

사별자들은 본인들이 애도를 통해 지지받고 위로받아야 함에도 불구하고 코로나로 인해 민폐를 끼칠 것 같은 피해의식과 불안감, 스트레스가 올라와 다른 사람들에게 짐이 되거나 피해를 주지 않을까 걱정하였다. 상대적으로 문상객들도 혹시 모를 코로나 전염에 대한 염려가 있어 문상을 가는 것에 불안을 느끼고 조의금만 보내는 경우도 많이 발생하였다. 사례자 중에는 가족이 코로나에 걸린 줄 모르고 있다가 문상객들이 코로나에 걸린 경우가 있었는데, 그런 경우 부주의함에 대한 원망을 감수해야 했다. 이런 경우 충분히 지지받고 위로받아야 할 유가족이 죄인이 된 듯한 심정으로, 애도에 신경 쓸 겨를이 없다. 이처럼 코로나는 어려울 때 함께

했던 우리의 전통적인 장례의식과 애도 방식에 심각한 영향을 주고 있다. 장례의식도 상황에 따라 달라지고 애도 역시 소홀히 이루어지고 있다.

(4) 하지만 지금도 사무치는 그리움

이미 6개월이 지나 감정의 여파는 줄어들었지만 아직도 여전히 힘들기도 하고 문득문득 지나가다가 약간 슬픈 음악이 나오거나 또 어떤 아름다운 장면이라든가 또 비가 오든 여러 가지를 통해서 추억이 생각나고 또 슬픔은 여전히 계속 남아 있다. - 참여자 1

이번에 아버지 보내드리니까 엄마 때보다는 제가 충격은 받았어도 그렇게 막 응어리가 올라오거나 옛날처럼 그러지는 않았어요. 조금 힘든 게 뭐냐 하면 아버지 장례식인데 자꾸 엄마가 떠올라서 힘들었어요. - 참여자 4

애도 작업은 단순히 감정을 처리하는 작업이 아니다. 현실에 대한 적응을 통해 하루하루를 잘 견디는 것도 애도 작업이다. 매일 매일의 일상 속에서 일과 사람들과의 관계를 통해 주변의 사람들을 인식하고 이들을 돌보면서 애도 작업이 진행되기도 하였다. 하지만 시간이 약이라고 하지만, 마냥 시간이 흐른다고 상실의 슬픔이 해결되는 것은 아니다. 오히려 시간이 지날수록 더 큰 무게와 압박으로 다가와, 삶을 송두리째 바꿔놓기도 한다. 슬픔에 압도된 사람은 자신의 감정을 타인은 절대 이해할 수 없다고 생각한다. 그래서 사랑하는 사람을 잃은 슬픔은 '내밀한 고독감'에 비유되기도 한다. 실제 사례자들은 장례식 이후 일상에 복귀했지만 아직도 사무치는 그리움에 그와 남긴 인연의 흔적들을 끄집어내어 어딘가에 새긴다고 한다.

(5) 죽음의례가 주는 위로

죽음이 반드시 끔찍한 재앙인 것만은 아닙니다. 사별 경험이 있었기에 그와의 만남과 이별의 의미를 알 수 있었고, 내 맘속에 살아 있는 감정을 다시 한 번 확인하며 고통 속에서 새로운 성장을 발견하기도 합니다. - 참여자 1

가족들끼리 돌아가신 분에 대한 좋은 얘기를 자꾸 하면 좋은 것 같아요. 가족들끼리 그분과의 추억, 이런 걸 얘기하면서 그때 재미있었던 추억, 어디 가서 뭐 했는데 이랬다 저랬다 하면서 이제 가족들끼리 막 웃고 떠들고 이렇게. 나쁜 얘기 말고 좋은 얘기, 이런 얘기를 하면 그때의 기억이 더 오래 가고 그런 쪽으로 마무리돼 가는 것 같아서 좋은 것 같아요. - 참여자 7

사례자들은 죽음의례를 통해 자신의 감정을 재구조화하면서 추스르게 되었다. 고통스러웠던 내면의 상처와 흔적들이 서서히 치유되면서 변화된 자신의 삶을 재구조화하려고 노력하였고, 이 단계에서는 고인과의 추억을 떠올리면 슬프지만 함께 했었던 기쁨도 느낄 수 있고 점차 덤덤하게 되었다고 한다.

사별자들은 죽음의례에 담긴 의례를 통해 고인과의 관계를 새로 만들고 새로운 정체성을 확립했으며, 사회에서의 새로운 역할을 만드는 것이 중요함을 확인하였다. 그리고 상실에 대처해서 정신적 반응을 표현의 한 형태로써 느끼고 확인하고 수용하였다.

3) 변화되는 애도와 추모문화

참여자들은 코로나19로 인해 애도문화가 바뀌고 있음을 체험하고 있었고 이로 인해 긍정적인 면과 부정적인 면을 말했다. 사실 애도문화도 근본으로 들어가면 현재의 사회경제적 환경문제를 비껴갈 수 없다. 3년여에 걸친 코로나19는 이전의 애도문화가 다르게 변화될 것임을 보고하였다.

우리 말에 '남의 집 경사에는 초청받아야 가는 법이고 남의 집 애사에는 초청하지 않아도 가야 하는 법'이라는 말이 있다. 사실 굳이 기쁜 일은 함께 나누지 않아도 되고, 경사를 맞은 사람의 입장에서 보면 초청하지 않은 사람 중에 평소 불편한 관계에 있던 사람이 참석할 때는 오히려 분위기를 망칠 수도 있다. 하지만 애사가 생겼을 때는 상황이 다르다. 애사를 당한 사람은 경황이 없어 초청하기도 어렵거니와 그 집안과 사이가 좋았건 나빴건 연락이 닿는 대로 모두 자리를 함께한다.

고인뿐만 아니라 유족들도 사회생활이나 일상생활 속에서 만나는 사람들과 이런저런 이유로 오해를 빚게 되어 서로 척을 지거나 서먹하게 지내는 관계에 놓일 수 있다. 빈소에서 고인의 죽음을 추모하고 함께 슬퍼하며 서로 위로하고 위로 받는 과정에서 묵은 감정을 풀고 화해할 수 있는 기회의 장으로 우리의 장례 문화가 활용되어 왔다고 볼 수 있다.

코로나19 감염에 대한 두려움과 사회적 거리 두기의 영향으로 상가의 조문객들이 감소하고 대신, 서로 마음을 전하는 도구로 스마트폰을 이용한 위로 문자나 문구와 계좌이체를 통해 조의금을 전하는 등 기존의 장례 문화가 빠르게 변하고 있다. 기존 장례 문화에서 경제적 상호부조 차원에서 행해졌던 조의금 문화만 남고 애도할 시간과 공간을 차단 당함으로써 우리 사회의 갈등을 풀어내는 데 도움을 줄 수 있는 화해의 시간과 공간이 사라지고 있었다.

(1) 끝나지 않은 애도

아빠가 원하는 삶을 100% 못 살더라도 그냥 '잘 살았다'라는 그런 삶을 살고 싶어요. - 참여자 5

아빠 돌아가시고 나니까 아빠가 나를 보고 계신다는 생각이 들어서 든든함도 있지만 뭔가 잘해야 하겠다는, 부끄럽지 않게 살아야 하겠다는, 그런 마음이 생기더라고요. 물리적으로 계셨을 때는 안 보면 숨을 수 있었는데… - 참여자 8

실제 사별자들은 어느 정도 자신의 생활을 찾는 것이 필요하다고 한다. 슬픈 기억들은 남아 있더라도 새로운 삶도 괜찮다고 느끼며 점차 일상의 삶에 적응해 나갔다고 한다. 애도의 과정을 거치면서 희망을 발견하기도 하고 실생활에 적응해 나간다는 것은 상실 이전으로 되돌아가는 것이 아니라 상실이라는 고통스러운 경험을 통해 얻어낸 새로운 정체성으로 더욱 성숙한 인격으로 성장해 나가는 것이다.

사별자들은 바쁜 일상으로 인해 정신없이 사는 것이 현실에 집중하면서 사별에 대한 고통을 잊는 애도의 한 방법이라고 하였다. 불면으로 힘든 사람은 수면유도제를 처방받기도 했고, 상담센터를 이용하는 것을 권유하기도 했다. 그리고 시간의 흐름과 현실에 만족하는 것이 중요하다는 의견도 있었다. 어머니가 생전에 가꾸던 텃밭과 꽃밭을 가꾸며 추억을 새기고, 즐거웠던 일들을 나누며 치유를 받는 경우도 있어서 현실에서의 만족과 행복한 추억이 애도 작업에 긍정적인 영향을 미치는 것을 알 수 있었다.

(2) 삶은 끝나도 관계는 지속되는

후원하는데도 많아졌어요. 유니세프··· 그 전까지는 내 가족만 챙기고 잘 살면 된다고 생각했었어요. 그 일 이후 진심으로 돕고자 하는 마음이 생겼어요. - 참여자 2

제가 엄마라면 아버지를 어떻게 대해야 될까 하는 생각이 많이 들었어요. 엄마를 진짜 보내고 우리 엄마가 살아 계셨다면 나한테 어떤 부탁을 하고 싶었을까? 이런 거 있잖아요. 나는 아버지하고 잘 지내야 하겠더라고요. - 참여자 6

고인과의 관계는 죽음을 통해 끝났다고 보는 관점에서는, 이미 죽은 사람에게 과도한 에너지를 쏟는 것은 이상한 일이며, 사별 후 일정 기간이 지났는데도 고인을 잊지 못해 정신적으로 힘들어하는 것에 부정적인 편견을 보이고 문제가 있다는 식으로 낙인을 찍기도 한다. 하지만 사별 후 경험에 대해 새로운 이해가 필요하다고 보는 관점에서는, 사별자들은 예전 상태로 돌아오는 것이 아니라 마음에 빈 구석을 가진 채 현재에 적응하려고 애쓰는 상태라고 본다. 사례자들은 고인과의 관계가 사별 후에도 지속될 뿐 아니라, 발달 과정과 주변 환경에 따라 변화하고 진화한다고 한다. 슬픔의 극복은 관계를 끝내는 것이 아니다. 대상은 비록 물리적으로 더 이상 존재하지 않지만 고인과의 유대감은 환경의 변화에도 그대로 유지될 수도 있는 것이다.

(3) 작은 장례식

> 장례식도 간소화되고, 고인의 사진을 보면서 애도를 한다거나 기도를 한다거나 이런 것들로 좀 각자 나름의 노하우들을 좀 그런 변화에 대한 적응을 좀 해 나가야 하지 않을까 하는 생각은 들거든요. - 참여자 2

> 상조에 맡겨서 거기서 다 해주기는 하죠. 그런데 가족끼리만 있으니까 저희는 시골이라서 그런지는 몰라도 되게 쓸쓸했어요. 저희끼리 하고 딱 그 친척 한 분이 오셔서 그다음에 마스크 끼고 있으니까 어색하죠. 정말 집안 어른들 봐도 이 사람이 맞는 사람인지 알 수도 없고 그런 게 좀 외롭고 쓸쓸하다는 느낌이 많이 들었어요. - 참여자 5

코로나19는 우리의 기존 장례 문화가 간소화, 신속화, 축소화되고 있는 상황을 더욱 빠르게 변화시켰다. 참여자들도 남에게 보여주기 위한 장례보다 검소하고 실속 있는 장례식을 작은 장례식을 선호하고 있었으며, 그 필요성에 대해 일본과 연관 지어 언급하기도 했다.

우리 사회보다 먼저 독거노인과 단독세대의 증가, 고령화로 인하여 사회적·인적 관계가 축소되어 장례식에 참석하는 사람이 감소한 일본의 경우, 직장 비율이 장례식의 50%가 넘는다고 한다. 장례식 절차를 간소화하여 빈소와 조문을 없애고 바로 화장하는 것을 직장이라고 하는데 보통 장례식 비용보다 10분의 1 수준의 낮은 비용이 드는 것으로 알려져 있다.

참여자들은 우리의 장례 문화도 가족 중심으로 변화할 것이라고 생각하였고 이 과정에서 작은 장례식은 이미 우리의 현실이라고 생각하고 있었다. 하지만 과거 공동체 중심의 애도문화가 축소화, 간편화되면서 외로움과 쓸쓸함을 호소하기도 하였다.

(4) 낯설지만 새로운 추모문화

유튜브에도 참여를 했고. 물론 아는 지인의 장례식에 발인할 때도 참여하고 싶었는데 여건상 못 갔는데 아무래도 온라인으로 하는 것은 실감이 매우 떨어진다라는 생각이 들었어요. - 참여자 3

좀 긍정적인 면이 작용할 수 있어요. 옛날 같으면 이제 조문객들이 좀 시간을 길게, 늦게까지 있고 그럴 수 있는데 이제 코로나 상황이라 그런지 되도록이면 머무르는 시간을 조금 더 짧게 가지려고 하는 것들은 분명히 있었던 것 같아요. - 참여자 10

코로나19로 인해 일어난 새로운 추모문화 변화 중에 하나가 언택트 문화이다. 팬데믹 상황에서 감염병의 방지를 위해 행해지는 방역 대책에 협조하면서 가족의 부고를 알리고 상장례를 치러야 했던 유족들은 조문조차 힘들어진 상황 속에서 언택트 문화의 변화를 더욱 두드러지게 경험하였다. 또한 새로운 추모문화에도 다양한 변화의 시도들이 일어나고 있다. 최근 직접 장례식장을 찾지 않아도 실시간 추모가 가능하게 해주는 모바일 앱이 등장했고, 온라인 추모관이 만들어졌다. 언택트 문화에 맞추어 허례허식이 줄고 고비용 비실용적인 기존의 장례 문화도 변화할 것으로 예상되지만, 의례가 주는 힘이나 주로 조문을 통해 이루어졌던 애도 과정의 순기능이 사라지는 것에도 대비해야 할 필요성이 있다. 참여자들은 애도문화에 언택트 문화가 결합된 온라인 애도문화의 활성화가 다가올 미래라고 생각하였고, 공공기관이나 사회에서 애도 프로그램의 개발이나 보급이 이루어질 것을 희망하였다.

4. 코로나 시대 사별 경험 이야기에 대한 반영

본 연구는 코로나19 시대가 장기화되면서 애도문화의 변화가 사회적으로나 개인적으로 어떠한 영향을 미치는지 이해하고자 11명의 사별 경험자를 인터뷰하였다. 특히 사례에서 중점적으로 살펴보고자 한 것은 충격적 사별 경험으로 인한 역경 속에서 어떠한 애도 경험의 변화가 일어났는지, 코로나 시대에 애도 경험을 하면서 겪은 어려움과 이 어려움을 극복하기 위해 무엇을 하였는지 그리고 코로나로 인한 애도와 추모문화의 변화를 어떻게 느끼는지에 대한 것이었다. 연구를 통해 '준비할 수 없는 죽음', '코로나19와 함께한 애도', '변화되는 애도와 추모문화'로 범주화하였다.

분석 결과를 통해 다음과 같은 이론적 함의를 도출하였다.

첫째, '준비할 수 없는 죽음'은 사례자들이 코로나19라는 불명확한 신종 감염병의 정보 속에서 겪어야 했던 사별 경험에 대한 이야기이다. 죽음 상실이 두렵고 견디기 어려운 것은 준비 없이 다가오는 것이고 예상하지 못했던 것이기 때문이다. 준비가 안 되었기에 '혼란스럽고' 고인과의 약속을 지키지 못한 사건을 기억하며 이 모든 발단이 자신의 문제라는 '자책감'을 느끼고 있었다. 선행연구에서도 사별 경험은 '살아남아 있는 자의 사건'이며, 누군가를 사랑한 것에 대해서 지불해야 하는 대가라고 하여 혼란스럽고 자책감을 느끼는 것이 정상적임을 설명하고 있다. 또한 대부분 사례자들은 장례는 사망진단서가 나와야 장례 절차가 시작되기에 이에 대한 확인과 검증, 이후 장례 절차 등이 복잡하고 전문적인 영역이기에 '장례를 치르는 것에 대한 어려움'을 호소하였다. 선행연구에서도 의례가 사별 슬픔을 치유하는 애도 과정의 기능을 가져야 함에도 불구하고 형식화되고 전문화된 영역으로 장례 절차가 구축되어 애도 과업을 방해함을 지적하는(이범수, 2008)[12] 결과에 부합하는 경험이다.

둘째, '코로나19와 함께한 애도'는 유례 없는 코로나 시대에 시시각각 변하는 상황으로 장례를 치르지 못할 것에 대한 문제로 애도에 대한 두려움과 죄책감이 앞섰다고 한다. 시신을 제대로 못 보고 입관이나 염습의 상례 단계가 생략되는 애도할 수 없는 죽음으로 '박탈될 것 같은 애도에 대한 불안'에 대한 문제를 낳는다고 하였다. 또한 애도 작업을 하면서 가

---

12 이범수, 「四十九齋와 盂蘭盆齋에서의 遺族心理」, 동국대학교 불교학과 박사학위논문, 2008.

장 많이 느끼는 감정은 '죄책감'이다. 죄책감은 다양한 감정의 파노라마를 경험하게 된다. 또한 자신들이 애도과정에서 지지받고 위로 받아야 함에도 불구하고 사람들에게 민폐를 끼칠 것 같은 염려와 불안감, 스트레스가 올라와 '신경쓰임'으로 걱정이 되었다고 하여 애도에 대한 박탈감, 죄책감, 신경 쓰임과 같은 불안을 느끼는 것도 애도 과정임을 설명하고 있다.

셋째, '변화되는 애도와 추모문화'에서 애도 작업은 외부의 충격적 사별 경험을 사건화하면서 외부의 사건을 내부화하고 내부화를 통해 이를 조절할 수 있는 힘을 갖게 된 것이다. 이 과정에서 다양한 감정을 작업하는 '감정 처리'가 조망 확대나 성찰 과정을 촉진한다. 또한 '현실에 집중하기'라는 과정을 통해 매일 매일의 일상 속에서 일과 사람들과 관계에서 에너지를 전환하면서 애도 작업을 한다. 테세시와 칼하운(Tedeschi & Calhoun)[13]은 선행연구에서 사별 경험을 이해하려는 시도와 감정처리 과정에 '왜 이러한 일들이 자신에게 일어났는지', '고통이 왜 주어지는지'에 대한 성찰적 반추가 사별 슬픔을 견디는 중요한 기제임을 설명하고 있다. 또한 새로운 애도문화 변화 과정은 긍정성과 부정성을 보여주고 있다. '언택트 문화', '작은 장례식', '애도의 기술화' 등 새로운 문화 행태로 보고되었다. 이는 글로벌 팬데믹에 따른 죽음 성찰을 다룬 곽혜원(2021)[14]과 코로나19로 변화된 노년의 삶과 죽음을 다룬 한규량(2021)[15] 연구와 일치한다.

13 Tedeschi, R. G., and Calhoun, L. G., "The posttaumatic growth inventory: Measuring the positive legacy of trauma", Journal of Traumatic Stress 9, 1996.

14 곽혜원, 「글로벌 팬데믹 시대 속에서 생사교육의 당위성에 대한 제언」, 『문화와 융합』 43(2), 2021.

15 한규량, 「코로나19로 변화된 노년의 삶과 죽음」, 『윤리연구』 133(1), 2021, 171-191쪽.

5. 포스트 코로나, 뉴노멀을 준비하며

인간이라면 피할 수 없는 것이 죽음임에도 불구하고 죽음을 생각하는 일은 고통스럽고 힘든 일이다. 죽음 앞에 선 인간은 자신의 유한성과 경계 지워지는 삶을 경험하기에 많은 철학자나 심리학자들은 인간 내면의 가장 큰 공포는 죽음이라고 하였다. 하지만 의식을 가진 존재는 자신의 죽음을 경험할 수 없기에 오로지 '타인의 죽음'을 통해 자신의 죽음을 유추한다. 죽음을 해석하고 다루는 것은 피상적이며 주관적일 수밖에 없기에 여전히 신비로운 현상이며 미지의 영역인 것이다.

그러나 코로나19로 인한 '팬데믹 패닉'(pandemic panic)은 죽음에 대한 인식과 태도를 바꾸어 놓았다. 첫째, 코로나 바이러스가 어디서 어떻게 전염이 되어 자신에게 치명적인 문제를 가져올지 모르는 '전염 가능성'에 대한 죽음 불안이 심화되고 있다. 스스로 통제할 수 없는 상황에서 도처에 퍼져있는 바이러스와 접촉할 가능성이 넓어졌기 때문에 일상 속에서 새로운 형태의 죽음 가능성이 열렸다(최혁, 2020). 방역지침과 위생수칙을 잘 지켜도 감염될 가능성이 있기에 접촉과 관계를 통해 존재를 확인하고 유지해 온 인간 존재의 특성에 '전염 공포'가 추가된 것이다. 마스크가 생활필수품으로 자리 잡고 있으며, 대인 접촉에 대한 정부 방침이 바뀌었어도 여전히 많은 사람들은 마스크를 쓴 채 생활하고 있다. 그러나 더 심각한 것은 '두려움에 대한 두려움'이 심화되고 있다는 점이다. 1차적 두려움이 실제바이러스에 대한 두려움이라면 2차적 두려움은 생각에 대한 두려움으로써 자신의 행동과 태도를 자극하고 규제한다는 측면에서 더 심각한 문제를 야기할 수 있다.

둘째, 바이러스에 대한 공포가 심화하면서 생활방역에 대한 공동의 책임이 부과되었지만, 친밀한 관계와 소원한 관계에 대한 거리가 극단적이며 이중적으로 표현되고 있다. 가족과 같이 친밀한 관계에서는 마스크를 벗고 접촉하며 거리 두기나 방역수칙을 생략하지만, 잘 모르는 사람에게는 거리 두기나 방역수칙을 엄격하게 실시하거나 강요한다. 이러한 태도는 죽음에 대해 이중적이며 극단적인 태도를 취하는 것으로 연결된다.

셋째, 확진자에 대한 혐오의 시선을 강화하여 죽음의 '죽' 자도 꺼낼 수 없는 문화를 만들어내고 있다. 확진자 또한 우연적 사건의 희생자이고 자신도 확진자 가능성이 있기에 책임을 물을 수 없음에도 불구하고 확진자를 기피 대상으로 여겨 죽음은 금기시되고 부정해야 할 태도로 나타나는 것이다. 이처럼 코로나19는 이전의 우리 사회가 최소한도로 가졌던 죽음의 불안을 증폭하고 확대하는 방향으로 나아가고 있으며 타인에 대해서는 격리, 단절, 배제, 혐오와 같은 시선을 보내면서도 정작 자신의 죽음 불안이나 공포에 대해서는 무시하고 회피하는 태도를 보이고 있다.

여전히 우리는 '코로나 포비아'(corona phobia)의 시대에 살고 있다. 날로 심각해지고 만성화되는 팬데믹 현상에 대한 근본적인 성찰이 없이는 이 문제에 대한 해법은 요원할 것이다. 인간 중심의 욕망과 편리성의 추구가 팬데믹을 가져올 수밖에 없기에 이제 생태 중심적인 사고와 태도의 전환, 함께 공존하는 방식으로 변화하지 않으면 인류의 미래는 수많은 죽음을 당할 수밖에 없는 운명에 처해질지도 모른다. 코로나 팬데믹으로 우리는 이전보다 죽음에 가까이 와 있다. 모든 현상에는 의미가 있듯이 코로나19를 겪으면서 자연과 인간, 삶과 죽음, 인간과 인간에 대한 관계를 근본적으로 탐문하는 성찰이 필요하다.

이에 코로나 시대 사별 경험을 한 사람들의 이야기에 대하 연구 결과를 바탕으로 코로나19로 변화된 삶과 죽음에 대한 인식은 새로운 애도문화로의 변화를 끌어내고 있음에 주목하며 몇가지 애도 작업과 추모문화에 대한 시사점을 제언하고자 한다.

첫째, 포스트 코로나, '뉴노멀'(new normal)에 대한 논의를 활발히 끌어내야 한다. 뉴노멀은 코로나 이후 변화에 대응하고자 새롭게 떠오른 표준을 의미하는 것으로, 향후 미래는 지난 과거와 분명히 다르다는 것이다. 실제 『죽음의 역사』에서 살펴보았듯이 사회경제적 위기가 닥쳐오면 우리의 죽음 문화도 종교적 전통문화에서 죽음의 세속화로 변화되었다. 집안에서의 죽음이 병원에서의 죽음으로 변화되었고, 매장문화가 화장문화로 죽음의 기술화가 급속도로 진행되었고, 죽음의례의 의미보다 실용적이며 간편한 문화로 이행되었다. 아리에스가 주장한 것처럼 묘지문화는 그 사회의 애도문화를 상징적으로 보여주는 축소판이며, 그 사회와 공공성의 거울로 기능(Aries, 1980)한다는 의미에서 지금의 애도문화는 우리 사회의 한 측면을 잘 보여주고 있다고 생각할 수 있다. 이런 측면에서 코로나19로 인한 변화가 개인과 어떠한 영향을 미치는지에 대한 지속적인 연구와 관심을 독려해야 한다.

둘째, 세계는 지역 블록화가 급속도로 진행되면서 각국의 경제위기 지속, 수입 감소, 실직과 불황 같은 사회경제적 위기를 지속시킬 가능성이 높아지고 있다. 또한 감염병이 언제어디서든지 창궐할 수 있는 상황으로 바뀌고 있다. 이러한 세기말적 위기 속에서 박탈된 애도와 외상성 죽음은 많아질 전망이다. 이러한 포스트 코로나 뉴노멀의 부정성으로 인해 '위기의 상시화', '죽음의 부정성'은 더욱 더 심화될 것이며, 고독사나 무연고사 등 우발적 죽음의 피해자와 유가족들에 대한 사회적 애도의 필요성이 많아질 것이다. 또한 인공지능에 대한 논의를 통해 탈육화 개념을 기반으로 '포스트휴먼'에 대한 논의로 나아갈 것이다. 이에 대한 대비책으로 사회적·공적부조 체계를 만들어서 이를 보완해 나가야 한다. 위기에 취약한 대상들을 중심으로 이를 치료하고 사회적 힐링을 지원하는 문제를 논의하며 '공동체의 건강'(Public Health)과 모듈형 애도 치료와 상담을 위한 지원 체계를 준비해야 한다.

셋째, '비접촉' 문화와 사이버 공감의 확대, 개인주의 심화로 포스트 코로나의 문제들을 온전히 개인이 알아서 고통을 감내하는 새로운 호모 파티엔스(homo patiens)가 출현하고 있다. 이미 가족 구조의 재편과 개인주의, 혼족의 문화로 1인 가구가 가구의 40%가 넘어가는 현실에서, 코로나로 인한 질병의 불안은 우울증, 공황장애, 분노조절장애 등 심각한 정신증의 문제를 드러내고 있다. 이에 코로나 이후 재정의된 라이프 스타일에 대한 긍정적 측면으로 인공지능 등 디지털 기반의 비대면 산업이 애도문화에도 깊숙히 자리 잡을 가능성이 높다. 이를 통해 죽음의 부정성 이면에 여전히 죽은 자를 애도하고 기억하고자 하는 측면에서 사이버 애도문화 공간은 넓어질 것이다. 이는 죽음을 삶의 일부로 수용하고 지속적 유대를 실천하는 공간으로 새로운 추모문화로 자리매김할 것이다. 이에 대해 지속적으로 관심을 기울이고 변화에 대한 연구를 축적해야 할 것이다.

넷째, 실천적인 공동체로 각 지역이나 공간에 애도 코뮤니타스(condolence communitas), 즉 애도 공동체를 구성해야 한다. 애도는 누구나 겪을 수밖에 없는 사별 슬픔에서 다시 삶의 기능을 회복하고 그 길 너머에 있는 또 다른 길을 가게 하는 성장과 성숙의 길이다. 애도란 고인을 잊는 '망각'이 아니라 '추억'과 '연대'를 통해 고인과 새로운 유대를 형성하는 것이기 때문이다. 이를 위해 갑작스러운 코로나19에 의한 죽음일지라도 유가족들이 애도 과정을 치를 수 있는 방안을 강구해야 한다. 인간의 존엄성은 살아 있을 때나 죽어 있을 때나 존엄한 것이다. 죽어 가는 사람들을 경제적인 가치에서 볼 것이 아니라 살아 있는 인간으로서 존엄하게 죽음을 맞이할 수 있도록 준비해야 한다. 이를 위해 사회적으로 죽음을 기억하고 죽음의 공적 기능을 부각시키는 새로운 학습의 기회로 삼아야 한다. 감염자든 그렇지 않든 애도의 문화를 확산해야 한다. 준비되지 않은 채 고인을 떠나보내야만 하는 유족들에게 코로나19 속에서 사별 경험은 생존이며 애도를 박탈당할까 봐 불안과 수치감에 사로잡힌다. 어떻게 이들을 배려하면 좋을지도 충분히 생각해야 한다.

본 연구는 사별 경험 특성상 많은 사람들을 면담하지 못했지만 코로나 시대라는 경험맥락속에서 코로나시기 사별 경험과 애도와 추모문화의 변화과정과 현실을 다양한 측면에서 입체적으로 이해하는 데 의의가 있다. 이를 통해 포스트 코로나, 뉴노멀에 대한 어렴풋한 상을 그려내려 했고 나름 애도 코뮤니타스라는 실천 방안을 구체화하는 데 의의가 있다. 그러나 사별 경험의 사례수가 작고 제한된 시간의 면담이었기에 일반화하기 어려운 한계를 갖는다. 다만 방향이 정해졌으되 구체화되는 과정은 여러 변수의 작용에 의해 움직일 것이기에 후속 연구에서 이를 좀 더 다루어야 한다. 지난 인간의 역사에서 죽음의 역사가 늘 공존하며 새로운 문화를 형성했듯이, 코로나19라는 감염병이 이미 우리와 함께 산다는 관점에서 새로운 의지와 희망을 설계하는 것이 필요하다. 코로나 이후의 삶을 위해 죽음을 새로이 인식하고 애도문화를 새롭게 이해하는 일은 지금의 위기의 해법을 구하는 과정이며, 희망과 경각심과 변화의 측면에서 이를 이해할 때 위기를 기회와 희망으로 바꿔내는 역사가 될 것이다.

2부
죽음의 다양한 장면들
—연명의료, 조력존엄사,
장례문화, 죽음 탐구

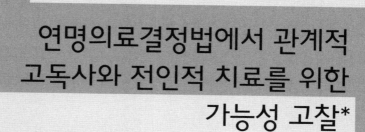

연명의료결정법에서 관계적 고독사와 전인적 치료를 위한 가능성 고찰*

이은영 (부산가톨릭대학교 인성교양학부 조교수)

* 이 글은 『윤리연구』 121호(2018)에 게재된 논문 「공감의 생명윤리학」을 이 책의 형식
에 맞게 수정 및 보완한 글이다.

1. 들어가는 말

필자는 '연명의료결정법'이[1] 공포되어 2년간의 준비기간을 거쳐 2018년 2월부터 시행되고 있다[2]는 점에 착안하여, 연명의료결정법의 시행 배경을 두 가지로 제시하고—첫째, 세브란스 병원 김할머니 사건과, 둘째, 죽음의 의료화 현상이 그것이다—그 내용을 살펴보고자 한다(2). 그렇다면 연명의료결정법이 시행되는 궁극적 목적은 무엇인가? 그 물음을 필자는 '좋은 죽음이란 무엇인가'라는 물음을 통하여 고찰한다(3). 그 결과 좋은 죽음이란 첫째, 가족이나 주변인과 마지막을 '함께'함으로써 관계적 고독사[3]가 해결되며, 둘째, 육체적인 집착 치료가 아닌 정신과 영혼의 상처

---

1   2018년 2월부터 시행되고 있는 '호스피스 완화의료 및 임종 과정에 있는 환자의 연명의료 결정에 관한 법' 일명 '연명의료결정법'은 제1장 총칙, 제2장 연명의료 중단 등 결정의 관리체계, 제3장 연명의료결정 등 이행, 제4장 호스피스 완화의료, 제5장 보칙, 제6장 벌칙, 그리고 부칙으로 구성되어 있다. 이 법의 제정의미는 사전연명의료의향서와 연명의료계획서를 통해 무의미하고 원치 않는 연명의료를 시행하지 않음으로써 환자가 존엄한 삶의 마무리를 할 수 있도록 하는 데 있다. 〈국립연명의료관리기관〉 http://www.1st.go.kr 참조.

2   아시아투데이, 2016년 2월 3일 참조.

3   관계적 고독사란 임종 환자가 가족과 함께 거주했지만, 치료의 공간에서 연명장치에

까지 포함된 전인적 치료를 통한 '준비하고 맞이하는' 죽음으로 도출된다. 그렇다면 연명의료결정법 시행으로 그 가능성, 즉 좋은 죽음의 가능성을 타진할 수 있는가. 이 문제를 고찰하기 위해 필자는 우선 무의미한 연명의료로 인한 의료 집착적인 행위, 즉 병원 치료 중 사망함으로써 가족이나 주변인조차 마지막을 함께하지 못하고 죽음에 이르는 상황을 '관계적 고독사'로 정의한다. 그리고 이 관계적 고독사 문제가[4] 연명의료결정법의 시행으로 해결될 수 있는가를 고찰한다. 다음으로 육체 중심의 집착적 치료에서 벗어나 그동안 받았던 정신이나 영혼의 상처까지도 치료하기 위한 전제조건으로 육체 중심의 인간관이 아닌 단일체로서의 인간관을 제시하고, 이 인간관이 연명의료결정법의 호스피스 완화의료에도 유효함을 고찰한다. 그 과정에서 필자는 호스피스 완화의료에서 전인적 치료를 위한 하나의 패러다임을 제시한다. 즉 임종자가 죽음을 받아들이는 마지막 단계가 '수용'임을 확인하며, 이 마지막 단계에서 간호 제공자와 환자의 관계의 중요성을 간파한다. 그리고 바로 이 지점에서 사랑과 공감을 바탕으로 간호 제공자와 환자의 관계의 중요성을 강조함으로써 '공감의 생명윤리학'이라는 유효한 패러다임을 제시하고, 이것이 호스피스 완화의료에서

의존한 후 의사의 사망선고로 생을 마감함으로써 가족과의 작별인사나 주변과의 관계 정리도 거의 생략되는 상황에서의 죽음, 즉 임종 과정에서의 '관계의 단절'을 의미한다.

4   필자는 이 글에서 사용된 고독사의 의미를 공간적 고독사와 관계적 고독사로 구분하여 고찰한다. 혼자 사는 노인이 사망 뒤 발견되는 일반적 의미의 고독사를 공간적 고독사로 규정한다. 그리고 가족과 함께 거주하지만 임종을 앞둔 시점에 치료의 공간에서 연명장치에 의존한 후 의사의 사망선고로 생을 마감함으로써 가족이나 주변인과의 작별인사도 거의 생략되는 관계 단절로부터 오는 죽음을 연명장치에 의한 '관계적 고독사'로 구분하여 고찰한다. 이 의미 규정은 필자의 견해임을 밝힌다.

어느 정도 유의미한지에 대하여 고찰한다. 즉 이 글은 연명의료결정법 시행으로 좋은 죽음의 실현 가능성(관계적 고독사의 해결과 육체 집착적 치료에서 벗어나 전인적 치료를 통한 준비하고 맞이하는 죽음)을 고찰함으로써 공감의 생명윤리학이라는 패러다임의 중요성을 밝히는 데 그 의미가 있다.

2. 연명의료결정법의 시행 배경과 내용

이미 연명의료 관련 사례[5]라고 할 수 있는 사건을 우리는 알고 있다. 필자는 연명의료결정법의 시행 배경을 두 가지로 제시하고자 한다. 첫째, 세브란스 병원 김할머니 사건과 둘째, 죽음의 의료화 현상이 그것이다.

우선 지난 2009년 5월 세브란스병원에 입원해 있던 김할어머니에 대한

---

5 연명의료는 임종 과정에 있는 환자에게 하는 심폐소생술, 혈액투석, 항암제투여, 인공호흡기 착용 등 치료 효과 없이 임종 과정의 기간만을 연장하는 행위를 의미한다. 즉 '연명의료' 또는 '연명치료'는 임종에 가까이 온 환자에게 행하는 처치이다. 이것은 환자의 생명을 좀 더 개선시키는 데 있는 것이 아니라 다만 연장에 불과한 의료적 처치이다. 따라서 수명만을 연장하는 의료적 처치는 무의미한 것이다. 또한 그러한 의료적 처치는 인간다운 삶과 인간 존엄성의 기회조차 해칠 수 있는 부정적 의미로 사용된다. 그러나 임종 과정 환자의 생명의 의미와 의료 그리고 돌봄의 문제는 철학적, 윤리적, 규범적으로 매우 중요하며 신중하게 다루어야 할 문제이므로 '연명의료 중단'이라는 말보다는 '연명의료 결정'의 의미가 더 적절하다는 의견을 개진한 글로는, 김학태, 「죽음의 의미와 결정에 관한 법윤리적 고찰」,『외법논집』제41권 제1호, 한국외국어대법학연구소 2017, 411-433쪽. ; 연명의료 결정이란 임종 과정 환자에게 행하는 처치에 대하여 어떤 것을 행하고 어떤 것을 하지 않을 것인가를 결정한다. 그런데 '연명치료 중단'이라는 말은 그 자체로 어떤 부당한 의미를 내포하므로 '연명의료 결정'으로 사용하는 것이 바람직하다는 입장으로는, 정재우, 「연명의료 결정 제도화에 대한 윤리적 성찰」,『인격주의 생명윤리』제4권 1호, 가톨릭생명윤리연구소, 2014, 57쪽.

'연명치료중단' 판결[6]은 우리나라에서 처음으로 연명치료중단이 인정된 사례였다. 일명 〈세브란스병원 김할머니 사건〉[7]으로 언급되는 이 사건은 자녀가 환자의 연명치료 중단을 청구한 사건이다. 이 당시 기관지 내시경으로 폐종양 조직검사를 받던 김할머니가 과다출혈로 심정지가 발생하였다. 그 즉시 심폐소생술을 시행하였으나 저산소성 뇌손상으로 영구적 식물인간 상태로(PVS) 인공호흡기와 인공영양공급으로 연명하고 있는 상태였다. 이 사건이 진행되는 사이 신상진 의원 등 22인은 2009년 2월 5일 가칭 〈존엄사법안〉이라는[8] 이름으로 법률안을 발의하였다. 이에 서울대학교 병원은 2009년 5월 18일 '말기 암환자의 심폐소생술 및 연명치료 여부에 대한 사전의료지시서'를 공식적으로 시행하기로 하였다.[9] 세브란스 김할머니 사건 이후 무의미한 연명의료 중단에 대한 사회적 공감대가 점차

---

6 김은철, 김태일, 「죽음에 관한 자기 결정권과 존엄사」, 『미국헌법연구』 제24권 1호, 미국헌법학회, 2013, 98-100쪽.

7 김할머니 사건을 분석, 비판한 글로는 김장한, 「김할머니 사례로 살펴 본 가정적 연명의료결정에 관한 연구」, 『의료법학』 제17권 2호, 대한의료법학회, 2016, 259-261쪽. 최경석 「김할머니 사건에 대한 대법원 판결의 논거분석과 비판」, 『생명윤리정책연구』 제8권 2호, 생명의료법연구소, 2014, 227-252쪽. 김할머니 사건 이후 2013년 국가생명윤리심의위원회가 구성되어 연명의료에 대한 특별법 제정의 필요성을 권고하였으며, 2016년 2월 〈호스피스 완화의료 및 임종단계에 있는 환자의 연명의료결정에 관한 법률〉(일명, 연명의료결정법)이 제정되었고, 이 법에 따라 연명의료결정제도가 2018년 2월 4일부터 시행되고 있다. 〈국립연명의료관리기관〉 http://www.1st.go.kr 참조.

8 세브란스 병원 김할머니 사건에 대하여 언론들은 일제히 우리 법원이 처음으로 존엄사를 인정한 것으로 보도하였다. 그런데 존엄사라는 명칭은 미국 오리건주의 존엄사법 제정 이전인 1972년 주지사 맥컬(Tom McCall)이 최초 언급하였다. 맥컬 주지사는 '의사조력자살'이라는 새로운 개념에 충격 받을 주의회와 사람들에게 '존엄사'라는 명칭을 제안했다. 이주희, 「무의미한 연명치료의 중단:정당화가능성과 방향」, 『법학연구』 제20권 1호, 경상대 법학연구소, 2012, 93쪽.

9 〈서울대 병원 존엄사 허용 공식화〉, 연합뉴스, 2009년 05.18일자 참조.

확산되면서 2013년 대통령 소속 국가생명윤리심의위원회가 특별위원회를 구성하여 '무의미한 연명치료 중단 제도 보장 방안 추진 발표'를 통해서 연명치료중단과 연관된 국민의견 합의안을 수정, 보완하려는 논의를 진행해 왔고 그 결과 지금의 일명 연명의료결정법이 시행되고 있다.

다음으로 죽음의 의료화 내지는 죽음의 상업화 현상이다.[10] 삶과 마찬가지로 죽음에도 질이 있다. 영국의 경제주간지 이코노미스트 산하 기관인 EIU(Economist Intelligence Unit)는 2010년 국가별 생애 말기 서비스를 비교, 분석한 '죽음의 질 지표'(quality of death index)를 개발하여 측정했다. 측정 결과 OECD 30개 회원국 중 한국의 죽음 질 지표는 2013년 38위에서 2015년 18위를 기록했다.[11] 그런데 이 죽음의 질 지표에서 우리나라가 좋게 평가받은 이유는 의료보험과 국민연금이 완화의료정책에 긍정적 영향을 줄 수 있다는 기대 때문이었다.[12] 가장 중요한 완화의료의 질과 시스템 부문에서는 점수가 낮았다.[13] 이것은 한국이 죽음과 관련된 생애말기

---

10 오진탁은 죽음과 임종을 의학이 주도적으로 결정하는 현상을 죽음의 의료화로 지칭한다. 즉 죽음의 의료화란, 생사의 문제를 의학이 주도하고 죽음을 의학의 실패로 인식하면서 삶의 기간에 중점을 두려는 현상을 의미한다. 이 현상은 더욱 심화되어 인간의 죽음 역시 심폐사와 뇌사 같은 의학적 죽음 이해만을 고려함으로써 한국인의 좋은 죽음을 방해하는 주요 원인이라고 비판한다. 오진탁, 「연명의료결정법에 대한 생사학적 비판」, 『인문학연구』 통권 109호, 충남대인문과학연구소, 2017, 35쪽. ; 허대석은 생명이 붙어 있는 기간을 연장하는 데 중점을 두고 가능한 연명의료를 모두 시행하는 '의료집착적 행위'로 규정한다. 허대석, 『우리의 죽음이 삶이 되려면』, 글항아리, 2018, 61쪽.
11 〈삶의 질이 있듯 죽음에도 질이 있다〉, 라포르시안 2018. 01 참조.
12 〈웰다잉, 죽음의 질 1위 비결은?〉, kbs뉴스 2016.05.11. 참조.
13 평가항목으로는, 죽음을 앞두고 방문할 수 있는 병원 수, 치료의 수준, 임종과 관련한 국가 지원, 의료진 수, 비용 부담 항목 등 20가지 지표를 합산해 순위를 책정한다. 100점 만점에 93.9점의 영국이 1위이며, 호주(91.6), 뉴질랜드(87.6), 아일랜드(85.8) 그리고 한국은 73.7점으로 18위를 기록했다. 〈한국, 죽음의 질 세계 18위〉, chosun.com

의 돌봄 서비스 질이 많이 부족하다는 의미이다. 암환자의 경우 암으로 인한 전체 진료비의 33% 정도를 임종 1개월 이전에 지출한다는 조사에서 볼 수 있듯이 임종 직전 병원에서의 의료 이용율은 매우 높지만 죽음의 질은 크게 낮다. 2004년 17개 대형 병원에서 암으로 사망한 3750명의 환자를 조사한 자료에 의하면, 그들 중 30%는 사망 한 달 전까지 항암제를 투약 받고 있었다. 비슷한 기간에 미국에서는 단 10%만이 항암제치료를 받았다는 점에서 우리나라는 회생 가능성이 없는 환자조차도 돌봄이 아닌 치료의 대상으로만 이해한다고 간주할 수 있다. 여기에서 문제는 자연스럽게 임종을 맞아야 할 환자조차도 의미 있는 삶이 아니라 고통 받는 기간을 연장하게끔 하는 것이 과연 삶의 아름다운 마무리일 수 있는가 하는 점이다. 연명 기간을 연장하는 데 중점을 두고 가능한 연명의료를 모두 시행하는 '의료집착적 행위'인 '죽음의 의료화' 현상에서 벗어나[14] 우리는 삶의 기간보다 질에 중점을 두고 가능한 한 편안하게 지낼 수 있는 방법을 찾아야 할 것이며, 그 관점에서 연명의료결정법은 시행되고 있다.

연명의료결정법의 주요 내용은 다음과 같다. '존엄한 죽음을 위한 환자의 자기결정권을 인정하는 법안'으로서 임종기 환자가 삶을 스스로 마감할 수 있도록 하는 제도이다. 이 법안은 연명치료 대신 통증완화, 상담치료를 제공하는 호스피스 서비스를 암환자뿐 아니라 각종 질병 말기환자로 확대 적용하고 연명의료에 대한 개인의 결정권을 강화하는 내용을 담고 있다. 특히 이 법안에서는 '무의미한 연명의료 중단의 조건'으로 첫째,

---

2015.10.07.
14   허대석, 2018, 61쪽.

환자 본인이 평소 무의미한 연명치료를 중단한다는 내용을 문서화하거나, 둘째, 가족 2명 이상이 평소 환자의 의견이 무의미한 연명치료를 중단하기를 희망했다는 진술, 의사 2명의 확인을 통해서 인정된 경우 가능하다. 셋째, 뇌졸중과 교통사고 등 갑작스러운 사고로 의식불명이 되어 환자의 뜻을 추정할 수 없을 경우에는 가족 전원의 합의로 가능하며, 넷째, 암과 만성 폐쇄성 폐질환, 간경화와 에이즈 환자에게 우선 실시한다. 마지막으로 국내 연명의료 중단 법안은 진통제투여, 물과 산소 공급 등은 유지하며 심폐소생술, 인공호흡기 부착, 혈액 투석, 항암제투여와 같이 치료효과 없이 사망 시기만 지연하는 행위를 제한한다는 것이다.[15]

이미 2017년 10월 16일부터 2018년 1월 15일까지 연명의료결정법은 시범적으로 실시되었으며, 그 과정에서 많은 사람들이 사전연명의료의향서와 연명의료계획서를 작성했다〈표1 참조〉.[16]

	사전연명의료의향서	연명의료계획서
작성 대상	19세 이상 건강한 사람도 가능(사전연명의료의향서 등록기관을 찾아 충분한 설명을 듣고 작성해야 법적으로 유효한 서식이 됨)	의료기관윤리위원회가 설치된 의료 기관에서 담당 의사 및 전문의 1인에 의해 말기환자나 임종 과정에 있는 환자로 진단 또는 판단을 받은 환자에 대해 담당 의사가 작성하는 서식
양식의 의미	사전 유언(living will)	
활용 시점	미래	현재
기록 관리 책임	환자/ 가족(의료 기관에 전달해서 보관)	의료 기관
대리 결정	허용되지 않음	환자가 의사결정 능력이 없을 때 참여 가능(본인이 서명한 경우 대리 결정 가능)

〈표 1〉 사전연명의료의향서와 연명의료계획서

---

15   〈국립연명의료관리기관〉http://www.1st.go.kr 참조.

실제로 연명의료 중단 결정을 이행한 사례도 54건에 이른다. 하지만 여기에서 쟁점은 연명의료 중단의 환자 수가 아니다. 연명의료결정법을 통하여 환자의 자기 결정권을 인정하고 인간으로서 존엄한 죽음을 맞이할 수 있도록 하는 지지체계의 구축이 중요하다. 앞에서 언급되었듯이, 필자는 연명의료결정법의 시행은 임종기 환자 내지는 말기환자의 좋은 죽음을 위해서임을 밝혔다. 그렇다면 연명의료결정법의 시행으로 우리는 좋은 죽음을 맞이할 수 있는가. 이를 위해 우선 좋은 죽음이란 무엇인가에 대하여 고찰하고자 한다.

3. 연명의료결정법과 좋은 죽음

유엔은 2002년 '마드리드 노인 선언'을 통하여 '급속한 고령화'의 위험성을 경고하였다. 이 문제는 급속도로 진행되는 고령화 현상을 생각해 본다면 간과될 수 없는 문제이다. 우리나라의 경우 2000년 노인인구비율이 7.2%로 '고령화사회'(aging society)에 진입했고, 2014년 고령(65세 이상) 비율이 13%, 2017년 기준 국내 총 인구 5,145만 명중 65세 이상 인구는 708만 명으로 전체 인구의 14.2%를 차지함으로써 이미 '고령사회'(aged society)로 진입하였다.[17] 그리고 2025년에는 65세 이상 인구 비율이 20%

---

16 연명의료결정법에서 환자의 자기결정권을 반영하는 서식에는, 19세 이상의 모든 사람이 사전에 미리 작성할 수 있는 사전연명의료의향서와, 중병으로 입원했을 때 작성하는 연명의료계획서가 있다.

17 UN에서 정한 '고령화사회'(aging society) 정의는 65세 이상 노인비율이 전체인구 대비

에 도달하여 초고령사회(super-aged society)에 진입하게 되며, 2060년대가 되면 65세 이상 인구가 전체 인구의 41%에 도달하게 된다는 설명이다.[18] 이러한 상황에서 한국인에게 삶의 아름다운 마무리는 절실한 문제이며, 그렇기 때문에 좋은 죽음은 우리가 관심을 갖고 논의해야 할 문제임이 분명하다.

그럼에도 불구하고 한국인의 대다수의 죽음은 병원에서의 죽음이며, 또한 그것을 '고독사'라고 규정할 정도로 사망 인구 4명 중 3명(74.9%, 2016년)은 병원에서 치료 중 사망한다.[19] 한 통계에 의하면, 대부분의 말기암 환자들은 말기암 진단 후에도 사망 2주 전까지 각종 검사 및 항암치료, 중환자실 치료 등을 받고 있으며, 사망 전 3개월 의료비가 그 해 의료비의 50.4%를 차지한다. 그 과정에서 환자는 사망 2주 전까지 CT, MRI, PET 등과 같은 각종 검사와 항암치료에만 최소 100억 원 가량이 지출된다고 보고되었다.[20]

바로 이 지점에서 필자는 다음과 같이 두 가지 물음을 제기한다. 첫째,

7% 이상이며, 14% 이상이면 고령사회(aged society), 20% 이상이면 초고령사회(super-aged society)로 정의된다.

18 윤가현, 「고령 사회와 초고령 사회의 대응방안: 고령자를 위한 의무교육제도」, 『한국 노년학연구』 제22권, 한국노년학연구회, 2013, 161-162쪽.

19 윤영호, 허대석에 의하면, 2007년 한국 17개 병원에서 암으로 사망한 3,750명의 환자 중 30.9%의 환자가 사망 전 1개월 내에도 항암화학요법을 받는 것으로 조사되었다. 조사 대상을 사망 6개월 내, 사망 3개월 내, 사망 직전 시기로 나누어 항암화학요법을 받은 환자는 48.7%, 43.9%, 30.9%로 나타났다. 특히 사망 1개월 내 수치는 미국보다 3배 이상 높다는 주장이다. 《데일리메디》 (2008.01.04.)

20 이은영, 「호스피스 철학의 정초로서 사랑과 공감의 의미 연구-에디트 슈타인을 중심으로」, 『철학연구』 제51집, 고려대 철학연구소, 2015, 115-116쪽.

병원에서 치료 중 사망하는 죽음을 어떤 의미에서 '고독사'로 규정할 수 있는가? 둘째, 그렇다면 통계 자료에서도 볼 수 있듯이, '왜 사망 직전까지 육체적인 검사와 치료에만 집중하는가?'이다. 이 두 가지 물음에 대한 답변은 '왜 연명의료결정법이 시행되어야만 했는가?'하는 물음에 대한 답변일 것이며, 이는 곧 우리 사회에서 좋은 죽음의 의미를 간접적으로 제시해 준다고 하겠다.

우선 필자는 첫 번째 물음에 대하여, 우리는 고독사의 의미를 혼자 사는 노인이 사망 뒤 또는 1인 가구의 사람이 사망 후 발견되는 상황으로 이해한다. 일반적으로 고독사에 대한 명확한 용어 정의가 없고, 관련된 공식 통계 자료도 없는 상황이므로 무연고 사망 통계를 통해 고독사의 실태가 유추될 수 있다.[21] 그런데 우리가 병원에서 치료 중 사망하는 죽음을 고독사로 유추할 수 있다면, 이 의미는 일반적으로 제시되는 고독사의 의미와는 다르다. 이는 일반적인 의미인 공간적인 측면에서 고독이나 홀로이기보다, 가족과 함께 거주했지만 치료의 공간에서 연명 장치에 의존한 후 의사의 사망선고로 생을 마감함으로써 가족과의 작별인사나 주변의 정리도 거의 생략되는 상황에서의 죽음, 즉 임종 과정에서의 '관계의 단절'로부터 야기되는 죽음이다. 필자는 이러한 죽음을 (연명장치에 의한) '관계적 고독사'로 정의한다.

다음으로, 두 번째 물음에(왜 사망 직전까지 육체적인 검사와 치료에 집중하는 의료 집착적 행위가 나타나는가?) 대하여 필자는 육체 중심으로 죽음을 이해

---

21   권혁남, 「고령화시대 노인 고독사 문제에 대한 윤리적 반성」, 『인문과학연구논총』 제35집, 인문과학연구소, 2013, 247-248쪽.

하는 현상인 육체 중심의 인간관에서 그 답을 찾을 수 있다고 본다. 즉 현대 산업사회에서 인간을 육체적인 존재로 이해하려는 경향에서 기인한다는 것이다. 하지만 인간은 육체적인 것만으로 이해될 수 없으며, 영혼이나 정신 등 물질적인 삶과 생존 이상의 것들이 결합되어 있다는 점을 전제했을 때, 인간의 올바른 의미는 확인될 수 있으며, 인간 존엄성은 유지될 수 있다. 그렇기 때문에 우리는 육체적인 죽음만이 아닌 영혼이나 영성적 측면이 포함된 인간 죽음에 대한 폭 넓은 이해를 필요로 하며, 그런 한에서 죽음을 맞이하는 임종기 환자들의 치료 또한 육체 중심의 집착적 치료에서 벗어나 정신이나 영혼까지 포함한 전인적 치료가 요구된다. 필자는 이러한 육체 중심의 집착적 치료에서 벗어나 정신이나 영혼까지 포함한 전반적 돌봄을 위해 공감의 생명윤리학이라는 새로운 패러다임을 제시하고자 한다.

그렇다면 좋은 죽음이란 무엇인가? 노인들을 대상으로 실시한 '좋은 죽음이 무엇이라고 생각하는가?'라는 설문조사에서, "주변 사람을 배려하는 죽음, 천수를 누리는 죽음, 내 집에서 맞이하는 죽음, 편안한 모습으로의 죽음, 준비된 죽음, 원하는 삶을 누리다 가는 죽음" 등으로 조사되었다.[22] 이에 대하여 오진탁은 좋은 죽음이란, '가족과 작별 인사를 나누고 떠나는 것'이라고 정의한다. 그리고 임병식 한국 싸나톨로지(Thanatology) 학회장은 "죽음을 공부하지 않고 존엄한 죽음에 이를 수 없다, 아름다운 죽음이

---

22 이명숙, 김윤정, 「노인이 인식하는 좋은 죽음」, 『한국콘텐츠학회논문지』 제13권 6호, 한국콘텐츠학회, 2013, 288쪽.

란 준비하고 맞이하는 죽음을 의미한다"고 규정한다.[23] 또한 허대석은, '사망 직전 재산을 정리하거나 자신의 유물을 정리하는 것도 중요하지만, 무엇보다도 좋은 죽음이 되기 위해서 자신의 '영적 상처 정리', '인생의 마지막에서 가족이나 주변과의 관계에서 받은 상처를 정리하고 떠나는 것'이라고 강조한다.[24] 다시 말해서 이들 모두가 공통적으로 주장하는 좋은 죽음이란 첫째, 가족과 지인 및 주변인과 삶의 마지막을 함께 함으로써 '관계적 고독사'에서 벗어나고, 둘째, 육체 중심의 치료뿐 아니라 정신이나 영혼의 아픔까지 포함된 '전인적 치료'를 통하여 '준비하고 맞이하는' 죽음이라는 것이다. 그렇다면 현재 시행되는 연명의료결정법을 통해 이상 두 가지 문제점이 해결될 수 있는가. 그리고 이 문제해결은 좋은 죽음으로 이어질 수 있는가.

4. 연명의료결정법과 관계적 고독사

일반적으로 우리는 고독사의 의미를 혼자 사는 노인이 사망 뒤 또는 1인 가구의 사람이 사망 후 발견되는 상황으로 이해한다.[25] 필자는 이러한 고독사를 '공간적 고독사'(solitary death)로[26] 정의한다. 그리고 한 걸음 더

---

23 〈치료 당하다 고독사… 죽음 알아야 존엄 지킨다〉,《중앙일보》, 2018. 02. 04 참조.
24 허대석, 2018, 214-215쪽.
25 인간 소외 문제로부터 현대 고독사 현상을 규명한 글로는, 이향만, 「고독사에 대한 윤리적 성찰과 책임」, 『인격주의 생명윤리』 제4권 1호, 가톨릭 생명윤리연구소, 2014, 82-84쪽.
26 고독사는 "임종을 홀로 맞이하며, 사망시점으로부터 일정 시간이 경과한 후 발견되는

나아가 필자는 가족과 함께 거주하다 치료의 공간으로 이동하여 연명장치에 의존한 후 의사의 사망선고로 생을 마감함으로써 가족과의 작별인사도 거의 생략되는 상황에서 죽음에 이르는 것을 (연명장치에 의한) '관계적 고독사'(lonely death)로[27] 정의한다. 특히 후자의 경우 그 환자의 임종은 자연스러운 삶의 마감일 수 없으며, '치료의 실패'로 죽음에 이를 수 있는 상황이라는[28] 점에서 좋은 죽음과는 많은 차이가 있다고 판단된다. 이러한 논의를 고독사의 의미를 통하여 상세히 논하고자 한다.

죽음의 사례"라고 정의된다. 그런데 고독사와 비슷한 의미로 무연고 사망 내지는 무연사가 있는데, 이것은 고독사와 유사한 형태이지만 주로 사회와 단절되었다는 점을 부각시켜 가족이나 주변 지인들과 연락이나 관계가 단절된 상황에서 죽음을 맞이하는 것이다. 따라서 필자가 이 글에서 제시하는 관계적 고독사는 그 원인을 관계 단절이라는 측면에서 찾는 무연사와 비슷한 의미이지만, 필자의 관계적 고독사는 그 관계 단절의 원인을 병원 치료 과정에서 규명한다. 즉 가족과 함께 거주했지만 치료의 공간에서 연명장치에 의존한 후 의사의 사망선고로 생을 마감함으로써 가족과의 작별인사나 주변의 정리도 거의 생략되는 상황에서 맞이하는 죽음으로부터 관계 단절의 원인을 추적한다. 그리고 이것을 관계적 고독사로 규정하였다.

27 혹자는 lonely에 '관계적'이라는 의미가 없음을 주장할 수 있으나, 필자는 본 글에서 관계적의 의미를 relation이라기보다 관계의 단절로부터 야기되는 외로움의 의미를 강조하기 위해 사용하였다.

28 일반적으로 고독사의 용어는 인구 고령화와 연관되어 발생되는 문제들을 먼저 경험한 일본에서는 독거노인이 죽음을 맞이한 이후 발견되는 사회현상을 두고 사용되기 시작했다. 최근 우리나라에서도 혼자 사는 노인이나 1인 가구수가 사망한 후 발견되는 상황이 증가하면서 매스컴을 중심으로 고독사라는 용어가 일반화되었다. 권미형, 권영은 「독거노인돌보미의 고독사 인식에 관한 주관성 연구」, 『성인간호학회지』 제24권 6호, 성인간호학회, 2012, 648쪽.

1) 고독사의 의미와 문제점: 공간적 고독사와 관계적 고독사

고독사는 일본에서 1970년대부터 핵가족화 현상으로 진행되어 나타났다. 고독사 의미는 자신의 집에서 홀로 사망한 후, 시간이 지나서 발견되는 경우를 말한다.[29] 물론 고독사에 자살이나 타살은 포함되지 않는다. 고독사는 급속한 고령화 및 1인 가구의 증가와 밀접한 연관이 있다. 독거노인은 사회관계적, 경제적으로 건강에 큰 어려움을 겪고 있는 실정이며, 1인 가구 또한 중장년층에서 빠르게 증가되고 있는 상황이다. 그럼에도 고독사를 가늠할 수 있는 공식적 통계 데이터는 존재하지 않는다. 또한 고독사에 대한 명확한 용어 정의도 없고, 관련된 공식 통계 자료도 없는 상황이므로 무연고 사망 통계를 통해 고독사의 실태를 유추할 수 있다.[30] 보건복지부 무연고 사망자 자료에 의하면, 2011년 682명에서 2017년 2,010명으로 약 3배나 증가했고, 65세 이상 노인 비중은 41%에 달해 고독사에 대한 대책 마련이 시급함을 알 수 있다. 따라서 고독사 예방을 위해 경제적 취약 집단인 독거노인이나 1인 가구를 지원하는데 집중해야 할 것이다. 이미 우리나라는 2010년에 1-2인 가구는 48.2%에 달했고, 2012년 전체 가구 중 1인 가구는 25.3%이다. 그렇기 때문에 국가가 보장하는 복지

---

29 고독사 용어를 영어로 번역할 때 Kodokushi로 일본에서 사용하는 발음을 그대로 사용하거나, dying alone, isolated death, solitary death, lonely death등 다양하게 번역된다. 최승호 외, 「노인 고독사 어떻게 대응할 것인가?」, 『한국학연구』62, 고려대 한국학연구소, 2017, 409쪽.
30 권혁남, 「고령화 시대에 노인 고독사 문제에 대한 윤리적 반성」, 『인문과학연구논총』 제34권 1호, 명지대 인문과학연구소, 2013, 248-249쪽.

서비스 강화와 민간 차원의 사회연결망 구축 등이 절실히 요구된다.[31]

그런데 지금까지 언급된 독거노인이나 1인 가구 형태의 죽음을 필자는 고독사 안에서도 '공간적 고독사'로 규정한다. 이 공간적 고독사는 일반적 의미의 고독사 형태로 사망 장소가 거주하는 곳이며, 아무도 간호해 주는 사람 없이 사망 후 수일이 경과한 뒤 발견된다는 특징을 띤다. 반면에 공간적으로 홀로 거주하지는 않지만 죽음의 과정에서 연명장치에 의존한 후 의사의 사망선고로 생을 마감함으로써 가족과의 작별인사도 거의 생략되는 소통이나 관계의 단절을 의미하는 죽음을 '관계적 고독사'로 규정하고자 한다. 다시 말해서 필자는 고독사의 원인 규정에 따라서, 다시 말해 그 원인이 독거노인이나 1인 가구 형태와 같은 거주 장소에서의 죽음인가, 아니면 임종 과정에서 육체적인 치료에 집착함으로써 홀로 맞이하는 죽음의 과정에서 가족이나 주변인과의 관계 단절을 겪는 죽음인가에 따라서 공간적 고독사(solitary death)와 관계적 고독사(lonely death)로 구분할 수 있다고 판단한다. 우선 'solitary'는 '(다른 사람 없이)혼자 하는', '홀로 있는', '외딴', '단 하나의' 의미나 '고립의' 의미로 해석될 수 있으며, 그렇기 때문에 공간적으로 혼자임이 강조될 수 있다. 그런 한에서 'solitary death'는 공간적 고독사로 규정지을 수 있다. 반면에 'lonely'는 물론 '혼자 있는'

---

31 일본은 1990년대부터 정부 차원에서 복지 공무원을 포함한 우편, 신문 배달원, 가스점 검원 등이 고독사 징후를 확인하면 신고하도록 법제화했으며, 2002년에는 독거노인에게 친족, 이웃, 담당의사 등이 가입된 안심 등록 카드를 정비했다. 프랑스의 경우 고독사를 줄이기 위해 지자체마다 노인 클럽을 활성화하고 독거노인들의 사회적 단절을 정부 차원에서 예방하고 있다. 따라서 우리나라도 독거노인이나 1인 가구의 고독사를 예방하기 위해서는 국가가 보장하는 복지서비스 강화와 민간 차원의 사회연결망 구축 등이 고려되어야 할 것이다.

의 의미도 있으나 '외로운', '쓸쓸한'의 의미가 좀 더 강하게 자리 잡고 있다는 점에서 'lonely death'는 1인 가구 내지는 독거 가구로 이어지는 고독함보다는 육체적 치료에 집착함으로써 죽음의 과정에서 가족이나 주변인과의 '관계 단절'에서 오는 고독함으로 규정될 수 있는 '관계적 고독사'로 필자는 구분한다.[32]

2) 공간적 고독사와 관계적 고독사의 유형과 문제점

필자는 '관계적 단절'에서의 그것을 '관계적 고독사'로 명명하며, 이것을 주거형태의 공간적인 홀로를 강조하기보다는, 설령 가족과 함께 거주하고 있음에도 치료의 공간에서 연명장치에 의존한 후 의사의 사망선고로 생을 마감함으로써 가족과의 작별인사나 교류도 거의 생략되는 '관계의 단절'을 의미한다는 점에서 '관계적 고독사' 규정하였다. 이러한 관계적

---

32   이 글에서 고독사를 의미적으로 세분화하여 공간적 고독사와 관계적 고독사로 구분한 것은 필자의 견해임을 밝힌다. 일반적으로 고독사에 대한 명확한 용어 정의가 없으며, 그것과 관련된 공식 통계자료도 거의 없는 실정이다. 대개 고독사는 우리나라에서 명확하게 규정되거나 많이 다루어지고 있지 않다, 그 용어도 'solitary death', 'lonely death' 등으로 혼용되고 있다. 하지만 필자는 '홀로'라는 범주를 '공간'과 '관계'로 나누어보고 '공간'에서의 그것을 '공간적 고독사'로 명명하며, 이것은 공간적으로 홀로 거주하는 형태에서 발생될 수 있는 죽음으로 규정하였다. 반면에 '감정적으로 홀로'에서의 그것을 '관계적 고독사'로 명명하며, 이것은 주거형태의 공간적인 홀로보다는 가족과 함께 거주하고 있음에도 불구하고 치료의 상황에서 연명장치에 의존한 후 의사의 사망선고로 생을 마감함으로써 가족과의 작별인사도 거의 생략되는 소통의 단절을 의미한다는 점에서 '관계적 고독사' 규정하고자 한다. 만일 이러하다면, 현재 시행되는 연명의료결정법에서의 호스피스 완화의료는 (연명장치에 의한) '관계적 고독사'를 어느 정도 해결할 수 있다는 점에서 그 의미가 있다고 하겠다.

고독사의 대표적 사례를 우리는 중환자실에서 쉽게 찾아볼 수 있다. 예컨 대, 특수한 의료기술과 장비를 사용함으로써 일반적인 연명의료는 주로 중환자실에서 이루어지며, 실제로 중환자실에 입원한 환자의 6-11%가 연 명의료를 받고 있다.[33] 중환자실에 입원한 환자는 가족이나 주변인과 제 한된 면회시간만(대부분의 병원 중환자실은 하루에 두 번 약 30분만 허용된다) 허용되기 때문에 가족이나 주변인과 마지막을 '함께' 하며, 인간다운 죽음 을 맞이할 수 없다.[34]

하지만 연명의료결정법은 필자의 의미 규정에 의한 '관계적 고독사'를 어느 정도 해결할 수 있는 방안일 수 있다. 그 이유는 다음과 같다. 첫째, 연명의료결정법은 호스피스 완화의료를 통해 암환자에게만 국한되어 있 는 호스피스 서비스를 일정한 범위의 말기환자에게 확대 적용시키고 있 다. 즉 호스피스에 대한 체계적이고 종합적인 근거 법령이 마련됨으로써 국민 모두가 무의미한 연명의료를 위해 중환자실에 고립될 필요가 없다 는 것이다. 그런 한에서 연명의료결정법은 인간적 품위를 지키며 편안하 게 삶을 마무리[35]하는 데 유의미하다고 평가된다. 둘째, 연명의료결정법

---

33   이수정 외, 「중환자실 간호사의 연명치료환자 간호 경험:현상학적 접근」, 『기본간호학 회지』 제23권 2호, 기본간호학회, 2016, 173쪽.
34   현재 국내 병원 중환자실은 855개이며, 연간 35만명이 중환자실에 입원하여 하루에 1000여 명의 환자가 집중치료를 받고 있는 상황이다. 중환자실에 대한 우리의 일반적 견해는 '사망 직전 들러 가는 장소'이며, 그런 한에서 중환자실 환자는 하루에 두 번 정 도 가족과 만남이 이루어질 정도로 외부와의 단절을 경험하며, 또한 많은 의료기기에 자신의 몸을 맡기고 있는 상황이다. 이에 대하여 언급한 글로는, 이미미, 이명선, 「중 환자실 환자 가족의 경험: 의료인들과의 상호작용」, 『성인간호학회지』 제29집 1호, 성 인간호학회, 2017, 76-86쪽.
35   http://www.law.go.kr/main.html. 법제처, 국가법령정보센터에서 해당 법률의 연혁

은 임종 과정에 있는 환자의 연명의료 결정을 사전연명의료의향서와 연명의료계획서를 통해 제도화하고 있다. 즉 환자의 연명의료에 대한 자기결정이 존중되고 환자의 존엄과 가치를 보장함으로써 무의미한 연명의료를 위해 중환자실에 고립될 필요가 없다. 그런 한에서 연명의료결정법은 연명장치로부터 야기되는 관계적 고독사를 방지하는 유효한 방안일 수 있다. 예컨대, 세브란스 김할머니의 사례를 통해 살펴본다면, 76세의 김할머니는 폐암 발병 여부를 확인하기 위한 검사를 진행하던 중 갑작스럽게 의식을 잃고 소위 '식물인간 상태'에서 인공호흡기와 같은 생명연장장치에 의존해 중환자실에 있었다. 연명의료결정법 시행 이전에 김할머니는 중환자실에서 무의미한 연명의료를 받아야 했다. 반면에 연명의료결정법 시행 이후라면, 김할머니는 평소 무의미한 연명의료를 원치 않았음을 가족들이 확인해 줌으로써 관계적 고독사에서 벗어날 수 있었다. 따라서 연명의료결정법의 시행으로 임종기 환자(연명의료결정의 대상)[36]와 말기환자(호스피스 완화의료의 대상)는 이제 무의미한 연명의료에 의존한 채 연명에만 중점을 두는 형태에서 벗어날 수 있는 지지체계를 마련하였다. 다시 말해서 임종기 환자와 말기환자는 연명의료 중단 결정을 통해 무의미

을 참조할 것.

36 연명의료 중단 결정의 대상인 임종기 환자는, 회생 가능성이 없고, 치료에도 불구하고 회복되지 않으며, 급속도로 증상이 악화되어 사망에 임박한 상태로 해당 환자의 의사 1인과 해당 분야 전문의 1인으로부터 진단을 받은 환자를 의미한다. 반면에 호스피스 완화의료의 대상인 말기환자는 암, 후천성면역결핍증, 만성폐쇄성폐질환, 만성간경변 및 그 밖에 보건복지부령으로 정하는 질환에 대하여, 회복 가능성이 없고 증상이 악화되어 담당의사 1인과 해당분야 전문의 1인으로부터 수개월 이내에 사망할 것으로 예상되는 진단을 받은 환자를 의미한다. 홍완식, 「연명의료결정법에 대한 입법평론」, 『입법학연구』 제14집 1호, 한국입법학회, 2017, 11쪽.

한 연명의료를 중단하고 생애 마지막을 가족, 주변인과 함께 함으로써 병원 치료 중 관계적 단절로부터 발생하는 고독한 죽음(치료의 공간에서 연명장치에 의존한 후 의사의 사망선고로 생을 마감)에서 벗어날 수 있는 계기를 마련하였다고 판단된다.

그렇다면 육체 중심의 집착적 치료에서 벗어나 정신이나 영혼의 상처까지도 포함된 '전인적 치료'를 통하여 '준비하고 맞이하는' 죽음은 어떻게 가능한가. 필자는 연명의료결정법의 한 부분인 호스피스 완화의료에서 전인적 치료를 위해 전제되어야 할 인간관을 알아보고, 그 과정에서 전인적 치료를 위한 간호 제공자와 환자의 '관계의 중요성'을 공감을 통해 제시함으로써 공감의 생명윤리학이라는 유의미한 패러다임을 제시하고자 한다.

5. 연명의료결정법과 공감의 생명윤리학

연명의료결정법에서 시행 중인 호스피스 완화의료는 연명의료결정법의 대상 범위인 암환자와 일정한 범위의 말기환자를[37] 괴롭히는 통증과 증상을 적극적으로 조절하고 음악이나 미술요법 등 다양한 프로그램과 육체적, 정서적, 영적 돌봄을 통해 환자와 가족들이 평안하고 의미 있게

---

37   여기서 말기환자란 암, 후천성면역결핍증, 만성폐쇄성폐질환, 만성간경변 및 그 밖에 보건복지부령으로 정하는 질환에 대하여, 회복 가능성이 없고 증상이 악화되어 담당 의사 1인과 해당분야 전문의 1인으로부터 '수개월 이내에 사망'할 것으로 예상되는 진단을 받은 환자를 의미한다.

준비된 죽음을 맞고 슬픔을 극복할 수 있게 도와주는 총체적 돌봄이다.[38] 그렇기 때문에 호스피스 완화의료에서 전제되어야 할 조건은 육체중심의 인간관이 아니라 정신이나 영혼이 포함된 올바른 인간관의 이해와 수용 일 것이다. 그런 한에서 연명의료결정법의 호스피스 완화의료에서 규정 하는 환자의 치료 또한 육체 중심의 집착 치료에서 벗어나 정신이나 영혼 까지 포함된 전인적 치료가 가능해질 것이다. 필자는 이 점에 착안하여 오 늘날 육체 중심으로 시행되는 집착적 치료의 문제점을 죽음의 의료화 현 상으로 이해하고, 육체와 영혼, 정신까지 통합된 단일체로서의 인간관을 통하여 왜 전인적 치료를 해야 하는가에 대한 정당성을 확보하고자 한다.

1) 호스피스 완화의료와 인간학

육체 중심의 집착적 치료의 근원을 우리는 근대 철학자 데카르트에게 서 고찰할 수 있는데, 그 이론 중 이원론적 실체론과 심신이원론(mind-body dualism) 그리고 기계론적 생명관이 현대 생의학적(biomedical) 모델 의 기반이 되었다.[39] 또한 전체를 최소 단위로 분할하여 분석해 가는 환원 주의(Reductionism) 역시 기계적 생명관과 함께 서양 의학의 오늘을 가능 케 한 원동력이 되었다는 것도 사실이다.[40] 이에 대하여 신체 중심의 환원

---

38 〈국립연명의료관리기관〉 http://www.1st.go.kr 참조.
39 이에 대한 자세한 논의는 이은영, 「에디트 슈타인은 데카르트의 주체철학을 어떻게 극 복하였는가? : 이원론적 실체관과 생명론을 중심으로」, 『철학과 현상학 연구』 제60집, 한국현상학회, 2014, 95-123쪽.
40 이에 대하여 반 퍼슨은 과학 기술이 현대인의 삶에 긍정적 영향을 미치지만 인간을 물 질적 면과 비물질적 면으로 나누어 사고하는 이원론적 견해에 강한 비판을 하고 있

주의가 데카르트로부터 연원된 것은 사실이지만, 그것에서는 정신과 정신이상을 물리학적 현상에 기인한 것으로 보는 이론과 개념을 수립했다고 강조하는 견해도 있다.[41]

그런데 이러한 견해는 다음과 같은 의료인들의 설문을 통해 그 맹점을 볼 수 있다. 국내 한 연구진은 한국 의료인들[42] 43명을 대상으로 〈의료인들은 일차적으로 죽음을 어떻게 받아들이고 있는가?〉에 대하여 조사한 결과, 임종과 죽음의 관한 그들의 진술 중 '의학적 실패로서의 몸의 죽음'을 언급했다. 이 설문에 참여했던 의료인들은 생의학적 모델에 기초하여 인간의 몸이 서서히 식어 고정화되는 것을 죽음으로 인식하였다. 그 결과 의학적 실패로서의 몸의 죽음과 관련해서 의료인들의 문제점은 인간을 육체 중심으로 이해하며, 총체적으로 이해하려는 노력이 부족하다고 할 수 있다. 의료인은 인간의 생명과 죽음, 건강과 질병, 치유와 밀접히 연관되는 직종이다. 그런 한에서 필자는 그 무엇보다 그들에게 인간학이 전제되어야 함을 강조하고자 한다.[43] 그리고 의료인뿐 아니라 올바른 죽음 문화를 형성하기 위해서도 우리 모두에게 육체 중심의 인간학이 아닌 총체적 인간학이 전제되어야 할 것이다. 왜냐하면 죽음의 문제는 바로 우리 인간의 문제이며, 인간을 어떻게 이해하느냐에 따라서 죽음의 이해도 귀

다. C. A. 반 퍼슨, 『몸, 영혼, 정신: 철학적 인간학 입문』, 손봉호, 강영안 옮김, 서광사, 1985, 3-4쪽.

41   강명신, 「통증의 심신상관성, 그리고 임상적 통증개념 비판」, 『의철학연구』 제10권, 의철학연구회, 2010, 61-63쪽.

42   조계화, 김균무, 「한국 의료인의 죽음에 대한 이해」, 『한국의료윤리학회지』 제16권 1호, 한국의료윤리학회, 2013, 128쪽.

43   조계화 외, 2013, 128-133쪽.

결되기 때문이다.

그렇다면 연명의료결정법이 시행되고 있는 오늘날 우리에게 요구되는, 전제되어야 하는 인간학은 무엇인가. 인간을 육체 중심으로가 아니라 영혼, 정신까지 포함된 총체적인 인간으로 이해했을 때, 죽음을 맞이하는 임종기 환자들의 치료 또한 육체에만 집중하는 집착적 치료에서 벗어나 정신이나 영혼까지 포함된 전인적 치료의 중요성도 제시될 수 있을 것이다. 필자는 이 지점에서 에디트 슈타인의 단일체로서의 인간학을 제시하고자 한다. 슈타인(Edith Stein, 1891-1942)은 인간의 특성으로 '자유'와 '정신'을 지정하며, 이러한 인간을 자유로운 정신적인 인격이라 명명한다. 즉 인격은 하나의 자유로운 그리고 정신적인 존재(ein freies und geistiges Wesen)라는 것을 말한다. 인간이 인격이라는 사실, 이 사실이 바로 인간을 모든 자연 존재(물질적 사물, 식물, 동물)로부터 구별시킬 수 있는 것이다. 인간은 자유로운, 정신적인 존재로서 인격이라 할 수 있으며, 그런 한에서 '육체적-생명적-정신적 존재로서의 인간 존재'이며 이들은 하나의 '단일체'(Einheit)로 통합되어 있음을 슈타인은 강조하는 것이다.[44] 그녀의 단일-존재로서의 인간관은 생명의 감각적인 측면, 초월적 측면 그리고 영성적 측면의 기능을 '내재적으로' 통합함으로써 호스피스 완화의료에서 요구되는 전인적 돌봄의 핵심을 이론적으로 지지할 수 있는 인간 이론이다.

이미 세계보건기구(WHO)에서도 호스피스 돌봄은 육체적, 사회심리적, 영적인 전인 돌봄을 특징으로 한다고 명시되어 있다는 사실에서도 우리

---

44   Edith Stein, *Endliches und ewiges Sein - Versuch eines Aufstiegs zum Sinn des Seins*(Herder, 3. Aufl., 1986) S.336.

는 전인적 치료의 중요성을 확인할 수 있다. 그렇다면 전인적 치료의 유의미함을 위해 필요한 것은 무엇인가. 이에 대하여 필자는 하나의 패러다임을 제시한다. 즉 퀴블러-로스의 임종자가 죽음을 받아들이는 5단계 중 마지막 단계가 '수용'임을 확인하며, 이 마지막 단계에서 간호 제공자와 환자의 관계의 중요성을 간파한다. 그리고 바로 이 지점에서 사랑과 공감을 바탕으로 간호 제공자와 환자의 관계의 중요성을 강조함으로써 '공감의 생명윤리학'이라는 유효한 패러다임을 제시하고자 한다.

2) 전인적 치료를 위한 공감의 생명윤리

연명의료결정법에서 호스피스 완화의료의 ①대상은 임종 과정에 있는 환자와 말기환자 그리고 그 가족에 해당된다.(연명의료결정법에서 연명의료결정권은 임종기 환자만 해당됨) ②목적은 다양한 프로그램을 통한 육체적, 정서적, 영적 돌봄으로 환자와 그 가족들이 평안하고 의미 있게 준비된 죽음을 맞이하고 슬픔을 극복하는 데 있다. ①과 ②에서 알 수 있듯이, 연명의료결정법에서의 그것은 다방면의 전문가들로 구성된 다학제적 팀(interdisciplinary team)이 요구된다.[45] 다학제 팀은 그들의 전문적 능력으로 호스피스 완화의료의 목적을 이루기 위해 최선을 다한다. 그럼에도 불구하고 각각의 전문적 능력을 환자와 그 가족에게 행함에 있어 가장 기본이 되는 조건이 전제되어야 한다. 그것은 바로 호스피스 완화의료에서 간호

---

45 최희경, 「호스피스완화의료 사회복지사의 역할과 역량에 관한 연구」, 『사회과학연구』 제29집 4호, 경성대 사회과학연구소, 2013, 2쪽.

제공자와 환자와의 '관계'일 것이며, 다시 말해서 간호 제공자의 환자에 대한 '태도'일 것이다. 그 근거는 생사학의 창시자로 언급되는 엘리자베스 퀴블러-로스의 견해에서 찾을 수 있다. 그녀는 임종자가 취하는 태도를 5가지 단계로 구분하였으며, 부정과 고립, 분노, 타협, 우울, 수용이 그것이다. 그 첫 번째 단계는 부정이다.[46]

"임종에 가까운 환자가 경험하는 첫 단계는 '부정'으로 환자들이 (부정은) 자신의 병이 치유될 수 없는 것임을 알게 될 때 나타나는 현상이다. 이 단계에서 환자는 진단을 잘못 내렸다는 마음으로 여러 병원에서 진단을 다시 받는 과정을 통하여 환자는 검사 결과가 타인의 그것과 바뀌지 않았나 의심한다."

부정의 감정에 이어 '분노'를 느끼는 것이 두 번째 단계이다. 환자는 이 단계에서 자기 자신에게나, 사랑하는 사람에게 혹은 병원 직원에게 그리고 신에게까지도 분노를 직접적으로 표현한다. 이 분노의 단계에서 가족이나 주위 사람들이 극복하기 어렵게 된다.

분노의 감정이 사그라들며 임종에 즈음한 환자는 '타협'을 도모하는 세 번째 단계를 맞이한다. 첫 단계에서 슬픈 현실에 마주하지 못하며 둘째 단계에서 사람들에게 직접적으로 분노를 표현하고 나면 환자는 타협을 시도하는데, 자신과의 타협이 될 수도 있으나 대부분 절대자와의 타협을 시도한다.

---

46 김선현, 『호스피스 완화의료와 임상미술치료』, 이담북스, 2011, 78-81쪽. ; 이은영, 「호스피스철학에서 병원의 가정호스피스화와 에디트 슈타인의 연관성 연구」, 『생명윤리』 제16권 1호, 한국생명윤리학회, 2015, 1-19쪽.

그다음 단계는 네 번째로 '우울'이다. 초연한 자세와 무감동, 분노와 격정은 곧 극심한 상실감으로 바뀌며 우울증에 빠진다.

우울의 감정을 지나 환자는 마침내 자신의 처지를 수용하는 다섯 번째 단계에 도달한다. 그런데 이 마지막 단계를 행복한 감정으로써 수용이라 생각해서는 안 된다. 고통이 지나가고 몸부림이 끝나면 '머나먼 여정을 떠나기 전에 취하는 마지막 휴식'의 시간이 오는 것이다."

여기에서 분노는[47] 연속적인 여러 단계의 구조를 지닌 감정으로서 짜증(annoyance), 좌절감(frustration), 분노(anger), 격분(rage or fury) 등으로 구분될 수 있다. 우선 분노 중 짜증으로서의 분노이며, 이것은 누구나 경험하는 감정으로서, 대다수 사람들은 짜증 단계의 분노를 처리하는 데 큰 어려움은 없다. 다음은 좌절로서의 분노이다, 이것은 목표를 성취하는데 장애가 발생할 경우 발생한다. 그리고 좌절이 발생하였을 경우 마땅한 대안이 없다면 좌절보다 좀 더 강력한 형태인 격분이 발생하는데, 이 단계에 들어선 임종기 환자는 완전한 분노의 감정에 이르게 된다. 이 분노 단계는 감정 표현이 통제되지 않으며 공격적 행위를 표출하여 주변인이나 간호 제공자가 가장 극복하기 어려운 상황을 발생시키기도 한다.①[48] 그렇다면 분노 단계에 들어선 임종 과정 환자에게 간호 제공자는 어떻게 해야 하는가. 또한 네 번째 단계는 '우울'이다. 회복의 가망성이 없는 환자가 자

---

47   윤수정, 태영숙, 「여성암 환자의 억압된 분노와 삶의 질과의 관계」, 『종양간호학회지』 제4권 1호, 대한종양간호학회, 2004, 18쪽.
48   윤수정 외, 2004, 18쪽.

기의 병을 더 이상 부인하지 못하게 될 때 증상이 더 뚜렷해지고 몸이 현저하게 쇠약해질 때 환자는 더 이상 웃어넘기지 못하게 된다. 따라서 우울의 단계에서는 환자가 슬픔을 표현할 수 있도록 허용해 주며 사랑의 어루만짐이나 환자의 침대 곁에 함께 머무르면서 그들을 이해하고자 하는데 간호 제공자의 역할이 있을 것이다.② 마지막 단계인 수용에서 환자는 홀로 있거나 사람이 방문을 해도 대화를 하지 않지만 그럼에도 불구하고 환자가 자신의 심경을 주변인이나 간호하는 사람이 수용하고 있다고 느낄 때, 환자는 간호 제공자와 상호 소통에 놀라운 영향을 줄 수 있다는 것이다.③

지금까지 살펴 본 결과 ①(분노)과 ②(우울) 그리고 ③(수용) 모두 간호 제공자와 임종 과정 환자 사이의 관계의 중요성이 언급된다고 볼 수 있다. 다시 말해서 임종기 환자에게 중요한 것은 그들의 상태와 상황의 정확성이 아니라 간호 제공자 내지는 주변인이 그들과 어떠한 유대관계에 있는가이다. 바로 이 지점에서 필자는 '사랑과 공감'이라는 감정을 바탕으로 한 '관계'의 유의미함을 강조하고자 한다. 그리고 이것은 임종 과정 환자와 연관된 호스피스 완화의료에서 필수적으로 요구되는 간호 제공자의 전제조건임을 드러내고자 한다.

그렇다면 사랑과 공감이[49] 호스피스 완화의료의 실천적 토대로서 어떻

---

49   일상 용어 측면에서 보자면 empathy와 sympathy 모두 우리말 공감에 해당될 수 있다. 하지만 empathy는 이해의 측면을 강하게 드러내는 반면 sympathy는 감정의 측면을 강조하는 차이가 있음을 말하고 있다. 하지만 이 글에서 강조하는 공감의 의미는 empathy, 독일어로 einfühlung의 문제이다. 이에 대한 자세한 논의는 이은영, 「호스피스 철학의 정초로서 사랑과 공감의 의미 연구」, 『철학연구』 제51집, 고려대 철학연구소, 2015a, 106-142쪽. ; '가정호스피스 제도'에 대한 중요성과 의미를 사랑과 공감을 토

게 드러날 수 있는가? 필자는 공감(empathy)이 감정의 총괄 개념이라 할 수 있으며 21세기 중심 가치라 판단한다. 넓은 의미에서 공감이란 한 사람이 다른 사람의 경험을 관찰하고 나서 보이는 반응을 말한다. 공감은 동의나 동감과는 다르다. 동의는 '나도 그렇게 생각한다', '너의 생각이 옳다고 생각한다'이며, 동감은 '나도 너랑 비슷하게 느꼈다'이다. 반면에 '공감'은 '네가 그렇게 느끼거나 생각하고 있음을 이해하다'이다. 다시 말해서 공감은 나의 모든 주의력을 상대방에게 집중하는 것이다. 상대방이 어떻게 느끼는지, 어떤 생각을 하는지, 무엇을 원하는지 집중하는 것이다. 그런 한에서 공감은 상대방의 입과 귀, 그리고 마음이 되어 그 상대방의 그것을 내가 말해주는 것이다. 바꾸어 말하면, 내 자신이 타인의 입장으로 들어가서 그 입장에 동화되어 그 사람을 느끼는 의미로써, 타인에 대한 경험을 가리킨다.

필자는 슈타인의 박사논문 〈감정이입의 문제〉에서 제시되는 하나로 느낌(Einsfühlen)과 더불어 느낌(Mitfühlen)을 통하여 간호 제공자와 환자의 관계성을 제시하고자 한다.[50] 우선 하나로 느낌에서 간호 제공자는 임종하는 환자의 곁에 있으며, 임종자의 고통스러운 행동을 외적으로 직접 실행하지는 않지만 내적으로 감정이입하면서 함께 함으로써 '하나로 느끼게' 될 수 있다. 임종자의 고통을 하나로 느끼려 하는 간호 제공자의 태도

대로 한 관계에서 강조한 이은영, 「가정호스피스」 1-19쪽. ; 임종자가 받아들여야 할 죽음의 과정을 '죽어감'으로 재해석하고, 사랑과 비움의 영성을 통하여 임종 환자의 영적 간호의 중요성을 언급한 글로 이은영, 「호스피스 철학에서 에디트 슈타인 사상의 의미 연구-죽음과 죽어감, 그리고 사랑과 비움의 영성을 중심으로」, 『가톨릭철학』 제24집, 한국가톨릭철학회, 2015, 135-170쪽.
50   이은영, 2015a, 131쪽.

는 심리적, 정서적으로 환자가 자신의 안정감과 만족감을 가지는 데 큰 기여를 할 것으로 생각된다. 또한 더불어 느낌에서 임종자의 고통에로 자신을 옮겨 놓으며, 임종자가 고통스러워하는 상황에 대하여 '더불어 느낌' (Mitfühlen)으로써 임종자의 호소에 응답하며 임종자로 하여금 친밀감과 가까움이라는 정서를 느끼게 할 수 있다는 것이다.[51] 이에 대하여 퀴블러-로스는 다음과 같이 언급하고 있다.

> "죽어가는 환자들은 사랑과 어루만짐 혹은 의사소통을 원하고 있다. 심지어 자살을 시도하려는 우울증 환자조차 그들의 삶 속에 아직도 의미가 있음을 확신한다.… 그럼에도 불구하고 죽어가는 사람들은 방문이 금지되고, 홀로 죽음을 맞이하도록 방치되어 있다. 다시 말해서 임종기 환자 내지는 말기환자에게 필요한 것은 '우리가 그들에게 죽음을 알릴 것인가 알리지 않을 것인가', '그들이 이 사실을 알고 있는가 모르는가'가 아니라 '이들의 소리를 우리가 들을 수 있는가', '이들을 우리가 공감할 수 있는가'이다."[52]

의료의 본질은 환자와 간호 제공자 또는 의료인과의 상호작용이다. 더욱이 임종 환자와 간호 제공자는 상호 신뢰를 바탕으로 임종 환자의 상태와 상황을 공유하면서 다양한 의료 행위와 프로그램을 시행하는 동반자 관계이다. 이것이 단순히 환자의 통증(pain)을 물리적으로 제거하는 행위

---

51   Edith Stein, *Zum Problem der Einfühlung, Hinführung* von Prof. Dr. Johannes Baptist Lotz SJ, Halle 1917(Reprint, München 1980). S. 17-18.

52   이세형, 「엘리자베스 퀴블러-로스의 죽음 이해」, 『세계의 신학』, 한국기독교연구소, 2003, 163쪽.

이상의 의미를 지니기 위해서는 사랑과 공감을 바탕으로 하는 공감의 생명윤리학의 유의미성을 고려해야 할 것이다. 그런 한에서 임종 환자는 마지막 자신의 상태를 좀 더 편안하게 수용하며 가족이나 주변인과 마지막을 함께 함으로써 정신이나 영혼의 상처까지도 치유할 수 있는 좋은 죽음에 다가갈 수 있다고 생각된다.[53]

6. 나가는 말

필자는 현재 시행되는 연명의료결정법의 유의미성을 철학적으로 고민하기 위해, 다음과 같이 두 가지 물음을 제기하였다. 첫째, 병원에서 치료 중 사망하는 죽음을 어떤 의미에서 '고독사'로 규정짓는가? 둘째, 그렇다면 왜 사망 직전까지 육체적인 검사와 치료에만 집중하는가? 전자의 경우, 병원에서 치료 중 사망하는 죽음을 고독사로 규정할 수 있다면, 이것은 공간적으로 홀로 거주한다는 의미가 아니라 가족과 함께 거주할지라도 임종 과정에서 연명장치에 의존한 후 의사의 사망선고로 생을 마감함으로써 가족과의 작별인사나 주변의 정리도 거의 생략되는 관계 단절에서 오는 죽음으로 규정되며, 이러한 죽음을 '관계적 고독사'로 고찰하였

---

53 한국 싸나톨로지협회에서는 죽음 관련 전문가 양성을 위한 교육 프로그램 중에서 이미 '감정론연구', '공감프로그램' 등을 운영함으로써 '공감'의 유의미성을 강조하고 있다. 싸나톨로지(Thanatology)는 죽음과 관련된 통섭 학문으로 죽음 현상들을 연구하는 학문이며 협회이다. 우리나라에서는 1980년대 죽음학으로 소개되었으나, 싸나톨로지협회에서는 '죽음을 다루는 생명학'(the study of life-with death left in)으로 소개하고 있다.

다. 그 결과 임종기 환자는 연명의료 중단 결정을 통해 무의미한 연명의료를 중단하고 생애 마지막을 가족, 주변인과 함께 함으로써 병원 치료중 관계적 단절로부터 오는 고독한 죽음에서 벗어날 수 있는 계기를 마련하였다고 판단된다. 그리고 이것은 연명의료결정법의 호스피스 완화의료를 통해 유의미하게 발현될 수 있다고 생각된다.

후자에 대하여 필자는 육체 중심으로 죽음을 이해하는 현상으로 답변하였다. 이러한 견해는 현대산업사회에서 인간을 육체적인 것으로 이해하려는 경향에서 기인한다는 것이다. 하지만 인간은 육체적인 것만으로이해될 수 없으며, 영혼이나 정신 등 물질적인 삶과 생존 이상의 것들이결합되어 있다는 점을 우리는 많은 철학 이론들로 확인했다. 따라서 이러한 인간관이 전제되었을 때, 인간의 올바른 정의는 가능할 것이다. 이 단일체적 인간관을 토대로 죽음을 맞이하는 임종기 환자들의 치료에 접근했을 때 정신이나 영혼까지 포함된 전인적 치료가 더욱 중요하게 다루어질 수 있을 것이다. 우리는 육체 중심의 집착적 치료에서 벗어나 정신이나 영혼까지 포함한 전반적 돌봄을 추구하는 것이 호스피스 완화의료임을 알고 있다. 그럼에도 불구하고 필자는 퀴블러-로스의 죽음을 앞둔 임종자의 5가지 반응 중 마지막 단계인 수용의 단계를 통하여 알 수 있듯이, 환자가 자신의 심경을 주변인이나 간호하는 사람이 수용하고 있다고 느낄 때, 환자는 간호 제공자와 상호 소통에 놀라운 영향을 줄 수 있다는 것이다. 그 결과 임종 환자는 죽음을 어쩔 수 없이 '수용'하는 것이 아니라'긍정적으로 수용'하고 내세에 대한 희망 속에서 평온한 죽음을 맞을 수있을 것이다. 결국은 죽음을 앞둔 임종 환자와 간호 제공자(가족이나 주변인을 포함한 모든 간호 제공자) 사이의 소통 내지는 관계가 중요하다는 의미이다. 결국 연명의료결정법에서 제시되는 호스피스 완화의료는 전인적 치료를 목표로 하지만, 그럼에도 불구하고 임종기 환자의 죽음 수용 단계에 있어서 간호 제공자와의 사랑과 공감을 토대로 한 관계가 강조되었을 때 임종기 환자는 좋은 죽음에 다가설 수 있는 지반을 마련하게 된다. 따라서 이 글은 연명의료결정법 시행으로 좋은 죽음의 실현 가능성을 고찰함으로써 공감의 생명윤리학이라는 패러다임의 중요성을 밝히는 데 그 의의가 있다고 하겠다.

죽음은 어디까지
허용되는가?*

— 조력존엄사 논의를 중심으로 살펴본 존엄사와 안락사

조태구 (경희대학교 HK+통합의료인문학연구단 HK연구교수)

* 이 글은 『인문학연구』 53호(2022)에 게재한 논문 「미끄러운 비탈길 위에서 미끄러지지 않기 - 안락사와 존엄사 그리고 조력존엄사」를 이 책의 형식에 맞게 수정 및 보완한 글이다.

1. 논란의 새로운 시작 혹은 새로운 논란의 시작

2022년 6월 안규백 국회의원은 현재 시행 중인 '호스피스 · 완화의료 및 임종 과정에 있는 환자의 연명의료결정에 관한 법률"(이하 연명의료결정법)의 일부개정안을 대표 발의하였다. 소위 '조력존엄사법'이라고 불리는 이 개정안은 발의 즉시 의학과 법학, 윤리학과 철학 등의 관련 학계와 사회 다양한 분야에서 적지 않은 반향을 일으켰다. 그러나 법안이 실제로 국회를 통과할 수 있을 것이라고 예상하는 사람들은 많지 않다. 법안을 대표 발의한 안규백 의원조차도 법안을 무리하게 통과시키기보다는, 이 법안을 통해 '죽을 권리'를 사회적 의제로 제시하는 데 더 큰 의미를 부여하고 있는 것처럼 보인다.[1] 즉 이 개정안은 적어도 현재까지는 실정법으로서 기능하게 될 것이라는 기대보다는, 국내 안락사 논의에 새로운 국면을 여는 중요한 시작점이 되었다는 점에 더 큰 의미가 있다.

문제는 이 개정안이 2016년 제정되어 현재 시행 중인 현 '연명의료결정

---

1   필자는 안규백 의원실이 주최한 한 토론회에서 안규백 의원 본인으로부터 직접 이러한 입장을 확인하였다.

법'에 대한 잘못된 이해를 바탕으로 하고 있다는 점이다. 그리고 역설적이게도 이러한 잘못된 이해가 이 개정안이 열어 놓은 논의의 새로운 차원을 보지 못하게 가로막는 역할을 하고 있다. 사실, 말기환자에게 '의사조력자살'을 허용하는 것을 주된 내용으로 하는 "조력존엄사법"은 현재 시행 중인 연명의료결정법이 전혀 고려하고 있지 않은 (정확히 말하자면, 배제하고 있는) '죽을 권리', 즉 '생명에 대한 자기결정권'을 다루고 있는 법률로서 '치료에 대한 자기결정권'을 인정하는 연명의료결정법과 그 성격이 전혀 다르다. 따라서 조력존엄사법은 연명의료결정법과는 다른 차원에서 논의되어야 하며, 기존 법률의 개정안으로 발의되기보다는 별도의 법률로 발의되는 것이 옳았다. 그럼에도 연명의료결정법이 고려하고 있지 않은 생명에 대한 자기결정권을 연명의료결정법의 개정을 통해 보장하고자 할 경우, 논의의 지평을 혼동함으로써 '비자발적 안락사'와 같은 법안이 애초에 의도하지 않은 결과에 이르게 될 위험이 있으며, 그렇게 안락사 반대 진영의 가장 강력한 비판인 '미끄러운 비탈길 논증'에 곧바로 직면하게 될 것이 자명해 보인다.

그러나 이 글의 목적은 조력존엄사법을 비판하거나, 나아가 안락사를 반대하고자 하는 것이 아니다. 이 연구가 목표하는 바는 조력존엄사법을 비판적으로 검토함으로써 존엄사와 안락사의 구분을 명확하게 재확립하고, 현재 시행 중인 연명의료결정법의 의미와 그 적용 범위를 분명히 함으로써 안락사와 관련된 논의가 '미끄러운 비탈길의 오류'에 빠지지 않도록 하는 것이다. 미끄러운 비탈길 위에서 미끄러지지 않고 확실한 한 걸음을 나아가기 위해서는 무엇보다 우선 자신이 딛고 서 있는 바닥을 정확히 바라보아야 한다.

글은 먼저 현재 시행중인 연명의료결정법이 제정된 그 과정을 간략하게 정리한 뒤, 조력존엄사라는 용어를 비판적으로 검토함으로써 '존엄사'와 '안락사'를 명확히 구분하고, 이 두 죽음이 각각 '치료에 대한 자기결정권'과 '생명에 대한 자기결정권'을 문제삼는 전혀 다른 성격의 죽음이라는 점을 밝힐 것이다. 그리고 마지막으로 현재의 연명의료결정법에 '최선의 이익 원칙'과 '환자 자율성 존중의 원칙'이라는 서로 다른 두 가지 의료윤리 원칙이 작동하고 있다는 점을 확인함으로써 조력존엄사법이 연명의료결정법의 개정안으로 발의될 경우 마주하게 될 몇 가지 문제점을 지적할 것이다.

2. 연명의료결정법의 제정 과정[2]

연명의료의 중단 및 유보를 허용한 여러 다른 나라의 경우와 마찬가지로, 한국에서도 관련 법률의 제정은 주요 사건을 매개로 촉발되었다. 먼저 1997년 '보라매병원 사건'으로 인해 병원 내 연명의료 중단과 관련된 결정이 사실상 금지되었고, 이러한 상황 속에서 발생한 2008년 '김할머니 사건'을 매개로 2016년 마침내 연명의료결정법이 탄생하게 된다. 이 두 사건의 전개 과정을 간단히 재구성하면 다음과 같다.

---

2 1997년 '보라매병원 사건'에서부터 2016년 2월 3일 연명의료결정법이 공포되기까지의 그 길고 복잡했던 법제화 과정은 국가생명윤리정책원이 발행한 『연명의료결정 법제화 백서』에 잘 정리되어 있다(국가생명윤리정책원, 『연명의료결정 법제화 백서』, 2018). 이 장의 모든 내용은 이 『백서』의 내용을 참조하여 작성되었다.

1997년 12월 4일 시멘트 바닥에 머리를 부딪쳐 다친 남성이 보라매병원으로 응급 후송되어 밤새 경막외출혈로 혈종 제거 수술을 받았다. 환자는 뇌수술을 받고 의식을 회복하는 추세였지만, 아직 자발적으로 호흡을 할 수는 없는 상태여서 인공호흡기를 착용하였다. 인공호흡기를 제거하면 사망에 이를 것이 충분히 예상되는 상황이었지만 환자의 아내는 경제적인 이유 등을 내세워 지속적이고 완강하게 병원 측에 퇴원 조치를 해줄 것을 요구했다. 의료진은 처음에는 만류하였으나, 계속된 환자 아내의 요구에 결국 12월 6일 오후 2시 퇴원할 경우 사망할 수 있다는 점을 충분히 고지한 후 환자를 퇴원시킨다. 예상대로 환자는 자택으로 이송되어 인공호흡보조장치(앰부)를 제거하자마자 사망하였다.

　문제는 법원이 이 사건과 관련된 의사 두 명에게 1심에서는 부작위(치료중단)에 의한 살인의 공동정범으로, 2심에서는 작위(퇴원조치)에 의한 살인 방조범으로 각각 유죄판결을 내렸다는 점이다. 그리고 2004년 6월 대법원은 2심의 판결 결과를 받아들여 이 의사 두 명에게 살인방조죄로 최종 유죄판결(집행유예)을 내렸다. 엄밀하게 말해서, '보라매병원 사건'은 임종기 환자의 연명의료 중단과 관련된 사건이라기보다는 의학적 권고에 반하는 퇴원과 관련된 사건이었지만, 이러한 법원의 판결은 임종기 환자의 연명의료와 관련된 기존 의료계의 관행에 큰 변화를 가져왔다. 의료계가 이 판결을 통해 연명의료를 중단하는 일이 법적인 처벌을 받을 수도 있는 매우 중대한 사안이라는 점을 인식하게 되었기 때문이다. 대부분의 병원에서는 그동안 암묵적으로 행해지던 고령의 노인들이나 말기환자들에 대한 퇴원조치가 엄격하게 금지되었고, 더 이상의 치료가 무의미한 임종기 환자에게조차 연명의료를 계속하는 집착적 의료 행태가 보편적 현상이 되었다. 그리고 이것이 '김할머니 사건'의 배경이 된다.

2008년 2월 세브란스병원에서 김할머니는 폐암 발생 여부를 확인하기 위해 내시경을 이용한 폐종양 조직검사를 받던 중 폐출혈과 심호흡 정지가 일어나 심폐소생술 후 인공호흡기를 부착하게 된다. 김할머니의 가족들은 이러한 병원의 조치가 치료를 위한 것이 아니라 연명만을 위한 무의미한 것이라고 판단하여 인공호흡기 제거를 병원 측에 요구했으나 거절당한다. 이에 김할머니의 가족들은 이러한 무의미한 연명의료가 평소 김할머니가 밝힌 의사에 반하는 것이라는 이유로 소송을 제기했으며, 1심과 2심에서 잇달아 승소한 뒤, 2009년 5월 21일 대법원으로부터 김할머니에게 부착되어 있는 인공호흡기를 제거하라는 판결을 받아낸다. "회복 불가능한 사망의 단계에 이른 후에 환자가 인간으로서의 존엄과 가치 및 행복추구권에 기초하여 자기결정권을 행사하는 것으로 인정되는 경우에는 특별한 사정이 없는 한 연명치료의 중단이 허용될 수 있다"[3]는 것이 대법원 판결의 요지였다. 결국 대법원의 판결에 따라 2009년 5월 인공호흡기를 제거한 김할머니는 이후 8개월을 더 생존하다가 2010년 1월 10일 사망한다.

연명의료 중단을 인정한 국내 최초의 판례로 평가받는 김할머니 사건의 판결은 연명의료와 관련된 사회적 논의를 촉발하는 한편, 관련 법안을 제정해야 할 필요성을 환기시켰다. 특히 김할머니의 가족들은 연명의료의 중단에 관한 기준과 절차 및 방법 등에 관한 법률을 제정하지 않은 것이 입법부작위에 의한 헌법 위반이 아닌가를 묻는 헌법소원심판을 또한 청구하였는데, 이 헌법소원은 비록 각하되었지만 그 판결의 과정에서 '연

---

3 대법원 2009. 5. 21 선고 2009다17417.

명의료에 대한 거부 또는 중단'이 헌법상 기본권인 자기결정권의 내용임을 헌법재판소를 통해 확인하게 만들었으며, 연명의료의 중단 및 유보에 관한 입법 논의를 실질적으로 추진하도록 만드는 역할을 하였다.

이렇게 김할머니 사건은 연명의료의 중단 및 유보와 관련된 사회적 논의를 촉발하였을 뿐만 아니라, 실질적인 입법을 추진하도록 만든 결정적인 사건이었으나, 즉각 가시적인 결과를 이끌어내었던 것은 아니다. 대한의사협회와 대한의학회, 대한병원협회가 김할머니 사건의 대법원 판결이 내려진 이후 '연명치료 중지에 관한 지침 제정 특별위원회'를 구성하여 2009년 10월 1일 「연명치료 중지에 관한 지침」을 제정하였으나, 이 지침은 사회적 합의를 도출하지도 못하였고 의료계의 관심도 받지 못하였다.[4] 또한 보건복지부는 연명의료 중단을 제도화하기 위해 사회적 협의체를 구성하여 2009년 12월부터 2010년 6월까지 운영하였으나 위원들 간에 뚜렷한 인식의 차이가 있다는 점만을 확인했을 뿐, 제도화 및 입법에 대한 노력은 시작조차 하지 못했다. 국회에서의 입법 노력도 마찬가지 상황이었다. 18대 국회에는 김충환 의원이 '호스피스·완화의료에 관한 법률안'을, 신상진 의원이 '존엄사 법안'을, 김세연 의원이 '삶의 마지막 단계에서 자연스러운 죽음을 맞이할 권리에 관한 법률안'을 각각 발의하였으나, 김충환 의원이 발의한 법안의 일부 내용이 '암관리법'에 병합되어 반영되었을 뿐, 다른 법안들은 18대 국회가 끝날 때까지 처리되지 못한 채 2012년 5월 29일 자동 폐기되었다.

---

4   고윤석, 「의료현장에서의 임종 환자 연명의료의 결정」, 『생명윤리포럼』 5-1, 국가생명
     윤리정책연구원, 2016.

사실 연명의료결정법 제정에 가장 중요한 역할을 한 것은 '제3기 국가생명윤리심의위원회'였다고 볼 수 있다. 국가생명윤리심의위원회는 2012년 제2차 회의에서 '무의미한 연명치료 중단 제도화 논의를 위한 특별위원회'(이하 특별위원회)를 한시적으로 운영하기를 결정하였고, 이 특별위원회는 2012년 12월 28일에 구성되어 2013년 5월 27일까지 6개월 동안 활동하면서 법률 제정을 위한 실질적인 토대를 마련하였다. 특별위원회는 4차례의 회의를 거쳐 용어를 정리하고 제도화 방안을 논의한 후, 제5차 회의에서 '연명의료 결정에 관한 권고(안)'을 마련한 뒤 국민들을 대상으로 공청회를 거쳐 그곳에서 제기된 의견을 반영한 수정 권고안을 국가생명윤리심의위원회에 제출하는 것으로 활동을 마무리하였다. 국가생명윤리심의위원회는 2013년 7월 31일 정기회의에서 이 권고안을 심의하였는데, 일부 용어나 문구를 변경 및 추가하였을 뿐 특별위원회의 권고안이 제시한 틀과 내용을 거의 그대로 받아들였다. 다만 특별위원회가 특별법을 제정할 것인지 아니면 기존의 다른 법률을 개정할 것인지와 관련하여 유보해 놓았던 연명의료 관련법의 구체적인 입법 방식에 대해서 국가생명윤리심의위원회는 특별법으로 제정하는 것이 적합하다는 결정을 내렸다.

　　이후 보건복지부는 국가생명윤리심의위원회가 정한 방향에 따라 정부 입법안을 준비하였으며, 이를 위해 연세대학교 의료법윤리학연구원에 『무의미한 연명치료중단의 합리적 제도화 방안 연구』[5]와 『무의미한 연명치료중단의 합리적 제도화 방안 연구』[6] 용역을 발주하였다. 그리고 실제

5　이일학 외, 『무의미한 연명치료중단의 합리적 제도화 방안 연구』, 보건복지부, 2013.
6　이일학 외, 『연명의료 환자결정권 제도화 관련 인프라 구축 방안』, 보건복지부, 2013.

입법을 위해 국가생명윤리정책연구원으로 하여금 관련 자문단을 구성 및 운영하여 국가생명윤리심의위원회의 권고를 실질적으로 반영한 구체적인 법률안을 마련하도록 하였다. 자문단의 목표는 국가생명윤리심의위원회의 권고 내용을 법리적으로 해석하여 실행 가능한 법률로 만드는 것이었으며, 이에 자문단은 2013년 12월에 위촉되어 2014년 3월까지 활동하면서 총 5차례의 회의를 통해 법안 조문을 구성하고 검토하여 법안 초안을 확정하였다. 국가생명윤리정책연구원은 2014년 4월과 5월 사이 수차례의 회의를 통해 자문단이 마련한 이 법률 초안에 정책간담회를 통해 제시된 의견과 보건복지부가 제시한 의견을 반영하는 작업을 하였으며, 이렇게 수정된 법률안은 2014년 7월 2일 국가생명윤리심의위원회 정기 회의에 보고되어 논의되었다. 그리고 국가생명윤리정책연구원은 다시 수차례 논의를 거듭한 뒤 수정법률안을 확정하여 2014년 8월 4일 보건복지부에 제출하였다.

이렇게 '김할머니 사건' 이후 오랜 기간 논의되고 준비된 연명의료 관련 법안은 19대 국회에서 여러 심의 과정을 거친 끝에 마침내 2016년 1월 8일 제338회 국회 제3차 본회의에 부의되어 재석의원 203명 투표의원 중 202인의 찬성과 1인의 기권으로 가결되었으며, 가결된 법안은 2016년 1월 22일 정부로 이송되어 2016년 2월 3일 '호스피스·완화의료 및 임종 과정에 있는 환자의 연명의료결정에 관한 법률'로 공포되었다. 2009년 '김할머니 사건'에 대한 대법원 판결이 내려진지 7년 만에 일이다.

3. 존엄사와 안락사

'연명의료결정법'이 제정된 과정에 대한 이러한 간략한 기술은 이 법안이 얼마나 많은 사람들이 다양한 분야에서 기울인 노력과 합의의 결과인지를 쉽게 알 수 있게 해준다. 하나하나 다 적어 놓을 수는 없었지만, 법안의 이름과 목적, 대상자의 범위, 의사확인의 절차와 기준, 유보하거나 중단할 수 있는 의료의 종류까지, 어느 하나 토론과 합의의 결과가 아닌 것이 없다. 그리고 이제 연명의료결정법이 제정된 지 6년 만에 안규백 의원은 이 법률의 개정안을 발의하였다. '조력존엄사법'이 스스로 밝히고 있는 기존의 연명의료결정법의 개정을 요구하는 이유는 다음과 같다.

> 현행법은 임종 과정에 있는 환자의 경우 치료 효과 없이 임종 과정만을 연장하는 목적의 연명의료를 중단할 수 있도록 하고 있으나, 임종 과정은 회생의 가능성이 없고 치료에도 불구하고 회복되지 아니하며 급속도로 증상이 악화되어 사망에 임박한 상태로 국한되는 의미로 사용되고 있음.
>
> 그러나 최근 여론조사에서도 80% 가량의 성인들이 안락사에 찬성한다는 응답을 하는 등 "존엄한 죽음"에 대한 관심이 증대되고 있고, 임종 과정에 있지 않은 환자라고 하더라도 근원적인 회복 가능성이 없는 경우 본인의 의사로 자신의 삶을 종결할 수 있는 권리를 부여할 필요가 제기되고 있음.
>
> 이에 말기환자로서 수용하기 어려운 고통을 겪는 환자들의 경우에는 본인이 희망하는 경우 담당의사의 조력을 받아 자신이 스스로 삶을 종결할 수 있도록 하는 조력존엄사를 도입함으로써 삶에 대한 자기 결정권을 증진하

려는 것임.[7]

　이러한 '제안 이유'에서 가장 먼저 눈에 띄는 것은 '조력존엄사'라는 생경한 용어이다. 기술된 내용을 통해 파악할 수 있는 바, 개정안이 말하는 조력존엄사는 '의사조력자살'(physician assisted suicide)을 의미하며, 의사조력자살이라는 이미 보편적으로 사용되는 용어가 있음에도 불구하고 개정안이 조력존엄사라는 신조어를 만들어 사용하는 이유는 '자살'을 '존엄'이라는 말로 대체함으로써 법안이 줄 수 있는 부정적 인상을 줄이기 위한 것으로 보인다. 이러한 용어 변경을 법안 통과를 위한 노력으로 평가하고 이해할 수도 있겠지만, 이러한 용어의 교체는 사실 연명의료결정법의 제정을 위해 이루어졌던 논의의 성과를 정면으로 부정하는 일이다. 실제로 김할머니 사건의 1심과 2심, 그리고 3심과 헌법재판소의 모든 판결문에는 존엄사나 안락사라는 표현이 단 한 차례도 등장하지 않는다. 그리고 이는 연명의료결정법의 제정을 위해 이루어졌던 여러 위원회의 토의 과정에서도 드러나듯이, 존엄사나 안락사라는 용어가 학계에 통일된 정의가 존재하지 않을 뿐만 아니라, 현장에서는 그 분류가 더욱 어려운 경계가 모호한 개념으로서 불필요한 논란을 야기할 수 있는 용어로 평가되었기 때문이다.[8] 즉 새로 발의된 개정안이 '조력존엄사'라는 용어를 사용할 때, 이는 연명의료결정법의 제정 과정에서 사용하지 않도록 합의한 용어를 다시

7　안규백 대표발의, 『호스피스 · 완화의료 및 임종 과정에 있는 환자의 연명의료결정에 관한 법률 일부개정법률안』, 의안번호 15986, 2020. 6. 15, 1쪽.

8　이일학 외, 『무의미한 연명치료중단의 합리적 제도화 방안 연구』, 보건복지부, 2013, 13쪽.

도입함으로써 기존의 성과를 무위로 돌리고 불필요한 논란을 자초하는 일이다.

그러나 연명의료결정법을 개정하고자 하는 조력존엄사법이 기존의 법을 제정하는 과정에서 이미 배제하기로 합의한 '존엄사'라는 용어를 다시 도입하고 있다는 문제는 사소해 보인다. 좀 더 본질적인 문제는 인용한 문장에서 확인할 수 있는 것처럼, 의사조력자살의 합법화를 주장하는 이 개정안이 '안락사에 대한 찬성'을 '존엄사에 대한 관심의 증대'로 이해함으로써 존엄사를 안락사의 한 종류로 이해하는 널리 확산된 오류를 반복하고 있다는 사실이다. 물론 의사조력자살을 합법화하는 미국 오리건 주의 법률 이름이 '존엄사법'(Death with Dignity Act)이라는 것은 사실이다. 그러나 이 이름은 법안에 대한 반발을 약화시키려는 분명한 목적 하에 '존엄'이라는 개념에 대한 별다른 성찰 없이 잘 못 사용한 이름일 뿐이다.[9] 이미 김준혁이 지적한 바대로,[10] 존엄이라는 말의 철학적 의미를 고려할 때 의사조력자살을 조력존엄사라 부르는 것은 옳지 않다.

---

9 노동일에 따르면 '존엄사'라는 명칭을 처음 사용한 사람은 1972년 당시 오리건 주의 주지사였던 톰 맥컬(Tom McCall)이었다. 정치적 언어구사에 능숙했던 그는 1997년 오리건 주의 '존엄사법'이 제정되기 훨씬 이전에 '의사조력자살'이라는 새로운 개념이 사람들에게 가져올 충격을 줄이기 위해 이 용어를 사용하였다(노동일, 「치료거부권, 죽을 권리 및 존엄사에 대한 재검토: 헌법적 관점에서」, 『공법학연구』 10-2, 한국비교공법학회, 2009, 15쪽). 또한 오리건 주는 1999년부터 매년 자살조력 관련 통계를 발표하고 있는데, 이 보고서는 2006년부터 이전까지는 '의사조력자살'이라고 지칭하던 행위를 '존엄사'로 지칭하기로 방침을 변경했으며, 이는 '조력자살'이라는 용어에 부정적인 의견이 많다는 여론조사 결과를 반영한 것이다(같은 글, 19쪽, 각주 63). 이렇게 '존엄'이라는 표현은 부정적 인식을 약화시키기 위해 동원된 수사일 뿐, 명확한 의미를 가지고 사용된 개념이 아니다.

10 김준혁, 「'조력존엄사법'이라는 이름은 틀렸다」, 《한겨레》, 2022. 6. 21.

가령 '존엄'이라는 말을 철학적 개념으로 확립시킨 것으로 평가받는 칸트의 경우,[11] 인간의 존엄함은 인간이 이성적인 존재라는 사실에 근거하며, 여기서 인간이 이성적인 존재라는 것은 인간이 옳고 그름을 판단하고 보편적 법칙을 따르려는 의지를 가진 도덕적 존재라는 것을 의미한다. 그리고 도덕적 존재로서 "마치 너의 행위의 준칙이 너의 의지에 의해 보편적 자연법칙이 되어야 하는 것처럼, 그렇게 행위하라"[12]는 정언명령을 따르는 인간은 이제 다른 감성적 존재와는 달리 이성적 존재로서 하나의 인격이며, 이러한 하나의 인격인 한에서 존엄성을 갖는다. 즉 "인격으로서, 다시 말해 도덕적-실천적 이성의 주체로 여겨지는 인간은 모든 가격을 뛰어넘는다."[13] 그런데 모든 가격을 뛰어넘는다는 것은 상대적 가치를 가지는 것이 아니라 절대적 가치를 가진다는 것을 의미하며, 절대적 가치를 가진다는 것은 상황에 따라 가치가 있거나 없을 수 있는 수단이 아니라 그 자체로 목적임을 의미한다. 하나의 인격으로서의 인간은 수단이 아닌 목적 그 자체로 실존하며, 따라서 어떠한 경우에도 수단으로 취급되어서는 안 된다. 이것이 칸트의 "인간 존엄성 원칙"이라고 불리는, "네가 너 자신의 인격에서나 다른 모든 사람의 인격에서 인간(성)을 항상 동시에 목적으로 대하고, 결코 한낱 수단으로 대하지 않도록, 그렇게 행위하라"[14]는

---

11   앙드레 랄랑드의 철학사전에 '존엄' 항목을 찾아보면 다른 설명 없이 칸트의 '인간 존엄성의 원칙'이 적혀 있다. 그만큼 철학 분야에서 '존엄' 개념과 관련한 칸트의 권위는 절대적이다. (André Lanlande, Vocabulaire technique et critique de la philosophie (Paris: PUF, 2002), p.236.

12   백종현 역, 엠마뉴엘 칸트, 『윤리형이상학 정초』, 아카넷, 2005, 132-133쪽 [B52].

13   백종현 역, 엠마뉴엘 칸트, 『윤리형이상학』, 아카넷, 2012, 535쪽 [A93].

14   백종현 역, 같은 책, 2005, 148쪽 [B67].

정언명령의 내용이다.

이제 이러한 칸트의 존엄 개념에 따르면 자살은 두 가지 측면에서 도덕적으로 허용할 수 없는 행위이다. 먼저 1)자살이라는 행위가 나 자신의 준칙을 넘어 보편적 자연법칙이 될 수 없다는 점이 자명하므로, 자살을 하는 행위는 인간을 이성적 존재로부터 감성적 존재로 강등시키는 행위이며, 그렇게 인간이 인격으로서 가지는 존엄성을 상실하도록 만드는 행위이기 때문에 도덕적으로 허용될 수 없다.[15] 또한 2)자살이 고통으로부터 벗어나기 위해 그 자신을 파괴하는 행위라면, 이러한 행위는 목적 그 자체로 실존하는 자신의 인격을 필요하면 버릴 수도 있는 것으로, 즉 "생이 끝날 때까지 견딜 만한 상태로 보존하기 위한, 한낱 수단으로 이용하는 것"이므로 도덕적으로 허용될 수 없다.[16] 결국 칸트의 존엄 개념에 따를 경우, 의사조력자살은 도덕적으로 허용할 수 없는 행위이며, 적어도 존엄사라고는 결코 불릴 수 없는 행위이다.

그런데 존엄사라는 용어는 오랜 기간 한국에서 '의사조력자살'이 아닌 '연명의료의 중단 및 유보'를 의미하는 말로 사용되어 왔고,[17] 이러한 의

---

15   맹주만은 자살을 도덕적으로 허용될 수 없는 행위로 규정하는 칸트를 비판하며, '칸트의 관점'이 아니라 '칸트적 관점'에서 도덕적으로 허용될 수 있는 '미학적 자살'이라는 개념을 제시한 바 있다. 매우 흥미롭고 생산적인 관점이지만, 맹주만도 이 '미학적 자살'을 '준칙'을 넘어 '법칙'으로 제시하지는 못한다(맹주만, 「칸트와 미학적 자살」, 『칸트연구』 36, 한국칸트학회, 2015, 111-132쪽).

16   같은 글.

17   최경석, 「김할머니 사건에 대한 대법원 판결의 논거 분석과 비판: "자기결정권 존중"과 "최선의 이익" 충돌 문제를 중심으로」, 『생명윤리정책연구』 8-2, 생명의료법연구소, 2014, 230쪽; 이윤성 외, 『연명치료 중단에 대한 국민의식 실태 조사 및 법제화 방안 연구』, 서울대학교 산학협력단, 2009, 24쪽. 이 연구보고서에 따르면, 이러한 '존엄사'의

미로 사용되는 한에서 안락사와 구분되는 개념으로 이해되어 왔다. 이것이 연명의료의 중단 여부가 문제가 되었던 '김할머니 사건'을 보도한 많은 언론 기사들이 이 사건을 존엄사 관련 사건으로 소개하고, 신상진 의원의 관련 법안의 이름이 '존엄사법'이었던 이유이다. 문제는 의사조력자살을 합법화하는 오리건 주의 법률이 '존엄사법'으로 번역되어 국내에 소개되고 점차 널리 사용됨으로써 발생하였다. 존엄사의 개념이 서로 다른 두 가지 죽음의 방식을 의미하게 되었다는 점만을 지적하는 것이 아니다. 의사조력자살이 안락사의 한 종류임이 명백하기 때문에, 존엄사가 의사조력자살을 또한 의미하게 됨으로써 존엄사와 안락사의 구분 역시 모호해졌다. 현재 많은 문헌들에서 연명의료의 중단 및 유보를 존엄사라고 지칭하는 동시에 소극적 안락사로 규정하는 것은 이러한 혼란의 결과이다.

이러한 상황 속에서 안락사나 존엄사와 같은 문제많은 용어를 연명의료 중단이나 의사조력자살처럼 행위를 묘사하는 용어로 대체해야 한다는 주장이 제기되는 것은 자연스럽다.[18] 그리고 앞서 말한 것처럼, 연명의료결정법의 제정 과정에서 실제로 이러한 선택이 이루어졌다. 그러나 언어의 경제성 등, 단순히 행위를 묘사할 뿐인 용어의 한계가 분명하며, 사실 존엄이라는 개념의 철학적 의미를 고려하여 존엄사를 안락사와 명백히 구분하기만 한다면, 용어의 모호함으로부터 발생할 문제는 상당부분 해결할 수 있다. 존엄사라는 말로는 오직 '연명의료 중단이나 유보'만을

정의는 이 말에 대한 일본의 정의를 수용한 것이다.

18 이윤성, 「아직도 안락사인가?」, 『대한의사협회지』 55-12, 대한의사협회, 2012, 1163-1170쪽.

의미하고,[19] '안락사'(euthanasia)라는 말로는 말의 어원대로 '좋은(eu)-죽음 (thanatos)', 즉 고통 없는 죽음을 의도하는 모든 인위적인 행위를 지칭하면 된다. 이 경우 안락사는 죽음에 이르게 하는 행위를 수행하는 주체, 즉 의사의 관점에서 행위가 간접적인가 직접적인가에 따라 '소극적 안락사' (negative euthanasia)와 '적극적 안락사'(positive euthanasia)로 구분할 수 있을 것이며, 그 행위의 결과로 죽음에 이르게 되는 환자의 관점에서 행위를 요구하는 본인의 의지 여부에 따라 '자발적 안락사'(voluntary euthanasia) 와 '비자발적 안락사'(non-voluntary euthanasia) 그리고 '반자발적 안락사' (involuntary euthanasia)로 구분할 수 있을 것이다. 이미 '연명의료 중단이나 유보'를 안락사가 아닌 존엄사로 분류했으므로, 흔히 '연명의료 중단이나 유보'를 안락사의 한 종류로 분류하기 위해 사용하는 '수동적 안락사' (passive euthanasia)와 '능동적 안락사'(active euthanasia)의 구분은 여기서는

---

19 〈표 1〉에서 볼 수 있는 것처럼, 존엄사는 '특수연명의료'만을 중단 및 유보하는가 아니면 '일반연명의료'까지 중단 및 유보하는가에 따라 그 단계를 구분할 수 있다. 특별위원회의 정의에 따르면, '특수연명의료'란 "생명을 유지하기 위하여 고도의 전문적인 의학지식과 의료기술, 특수한 장치가 반드시 필요한 의료"를 말하는 것으로서 "심폐소생술, 인공호흡기, 혈액투석, 항암제투여, 수혈, 장기이식, 고단위 항생제투여"가 이에 속하는 반면, '일반연명의료'란 "생명유지에 필수적이지만 전문적인 의학지식이나 의료기술, 특수한 장치가 필요하지 않은 치료"로서 "통증 조절, 영양공급, 수분·산소공급, 체온유지, 배변과 배뇨 도움, 진통제투여, 욕창예방, 일차 항생제투여"가 이에 속한다. '특수연명의료'가 "치료효과 없이 임종 과정의 기간만 연장시키는 의료"를 의미한다면 '일반연명의료'는 "기본적 돌봄에 해당하는 의료"를 의미한다(국가생명윤리정책원, 위의 글, 28쪽). 현재 한국에서 시행되고 있는 연명의료결정법은 법의 제19조 2항에 "연명의료 중단등결정 이행 시 통증 완화를 위한 의료행위와 영양분 공급, 물 공급, 산소의 단순 공급은 시행하지 아니하거나 중단되어서는 아니 된다"고 규정해 둠으로써 일반연명의료의 중단 및 유보를 금지하고 있다. 즉 현재 한국에서 법적으로 허용되는 "존엄사"는 특수연명의료의 중단 및 유보뿐이다.

따로 필요 없다. 표로 정리하면 다음과 같다.

존엄사		안락사		
		의사의 행동 / 환자의 의지	소극적	적극적
1단계	특수연명의료 중단 및 유보	의지적	의사조력자살	약물투여 등
		비의지적	X	그로닝겐 프로토콜[72]
2단계	일반연명의료 중단 및 유보	반의지적	X	살인

　이러한 분류와 관련하여, 연명의료를 중단하거나 유보하는 것도 고통 없는 죽음을 의도하는 인위적인 행위로서 그것 역시 안락사로 분류해야 한다는 반론이 제기될 수 있다. 그러나 이것이 바로 모든 문제를 발생시키는 근본적인 오해이다. 현재 발의된 개정안이 안락사의 일종인 '의사조력자살'을 '조력존엄사'라고 부르면서 존엄사와 안락사의 구분을 지워 버리고, 연명의료의 중단이나 유보에 의한 죽음과 의사조력자살에 의한 죽음을 단일 법률로 허용하도록 함으로써 마치 이 두 죽음의 방식이 동일한 지평 위에 놓일 수 있는 것처럼 다루고 있는 것도 사실 이러한 오해로부터 비롯된 것이다.

20　네덜란드 그로닝겐 대학 의료 센터의 의료 프로토콜로서 심각한 장애를 가졌거나 말기질환을 앓고 있는 유아에게 법적인 책임부담 없이 행할 수 있는 안락사에 대한 기준을 제시하고 있다.

4. 자연사와 죽을 권리

연명의료를 중단하거나 유보하는 행위를 다른 안락사와 마찬가지로 고통을 피해 죽음을 추구하는 인위적인 행위라고 착각하는 이유는 무엇보다 이러한 행위들이 이루어지는 그 의료적 상황이 유사하고, 유사한 상황 속에서 이루어지는 그 행위들의 결과가 동일하게 죽음이기 때문이다. '말기환자'든 '임종 과정에 있는 환자'든, 근본적인 회복이 불가능한 환자의 죽음이라는 동일한 결과는 사람들로 하여금 연명의료의 중단 및 유보를 다른 안락사들과 정도의 차이만 있을 뿐 질적으로 같은 행위라고 인식하게 만들었고, 그 행위가 요구하는 바를 무엇보다 환자의 고통스러운 삶을 중단시킴으로써 편안한 죽음에 이르게 하는 것이라고 생각하게 만들었으며, 이러한 요구를 정당화하는 권리를 '죽을 권리', 앞서 인용한 조력존엄사법의 목적에서 확인할 수 있는 바, '생명에 대한 자기결정권'이라고 믿게 만들었다.

그러나 연명의료의 중단 및 유보는 다른 안락사들에 대한 논의와는 완전히 다른 층위에서 논의되며, 이는 연명의료를 중단하거나 유보함으로써 맞이하게 되는 죽음이 의사의 조력 등을 통해 실현되는 삶의 인위적인 종결과는 전혀 다른 성격의 죽음이기 때문이다. 이러한 사실은 우선 연명의료를 중단하거나 유보함으로써 사망에 이른 환자와 의사의 조력 등을 통해 사망에 이른 환자의 사망 원인이 각각 어떻게 기록될 것인가를 생각해 보면 직관적으로 이해할 수 있다. 연명의료의 중단 혹은 유보로 인해 사망에 이른 환자의 경우 그 사망 원인은 환자가 기존에 가지고 있던 질병으로 기록될 것이지만, 의사의 조력 등으로 인해 사망에 이른 환자의 경우 그 사망 원인은 개입하는 의사의 행위가 무엇인가에 따라 기존의 질병과는 다른 무엇으로 기록될 것이다.

그런데 이렇게 연명의료의 중단 혹은 유보가 환자의 사망 원인이 될 수 없는 이유는 현행 연명의료결정법이 정의하고 있는 바대로, 연명의료란 임종 과정에 있는 환자에게 행해지는 치료효과는 없고 다만 "임종 과정의 기간만을 연장하는" 의료시술을 말하는 것이기 때문이다. 따라서 이러한 정의에 따르자면, 연명의료를 통해 연장되는 것은 삶이 아니라 임종 과정, 즉 죽음의 과정일 뿐이며, 반대로 연명의료를 중단함으로써 단축되는 것도 삶이 아니라 죽음의 과정일 뿐이다. 연명의료의 중단 및 유보는 죽음을 추구하는 인위적인 행위가 아니며, 결코 삶을 죽음으로 전환시키지 않는다. 그것은 다만 이미 시작된 죽음을 자연스럽게 받아들일 수 있도록 도와줄 뿐이며, 이것이 『연명의료결정 법제화 백서』가 "임종 과정에 있는 환자에 대한 연명의료의 중단·보류는 자연스러운 죽음으로 여겨져야" 하고, 바로 그러한 점에서 "생명의 자기 처분을 규정하는 의사조력자살이나 적극적 안락사와는 명백히 구분된다"고 말하는 이유이다.[21] 실제로 '김 할머니 사건'의 2심과 3심 재판부는 바로 이 점을 강조하면서 김할머니의 연명의료를 중단하도록 판시하고 있다. 재판부에 따르면, 연명의료는 "죽음의 과정이 시작되는 것을 막는 것이 아니라 자연적으로는 이미 시작된 죽음의 과정에서의 종기를 인위적으로 연장시키는 것으로 볼 수 있"고,[22] 따라서 "환자의 자기결정에 의하여 이후 자연스러운 죽음의 과정을 인위

---

21   국가생명윤리정책원, 위의 글, 105쪽.
22   대법원 2009. 5. 21. 2009다17417.

적으로 억제하지 않는 것은 더 이상 인간의 생명을 인위적으로 단축하는 것이라고 할 수 없"다.[23]

이러한 사실들은 결국 하나의 결론을 말하고 있다. 즉 연명의료를 중단하거나 유보함으로써 이르게 되는 죽음은 이미 시작된 죽음의 과정에 인위적으로 개입하지 않음으로써 자연스럽게 맞이하게 되는 '자연사'일 뿐이다.[24] 따라서 그것은 고통을 피하기 위해 의사의 조력 등을 받아 스스로 자신의 삶을 인위적으로 단축하려는 안락사와는 근본적으로 구별되며, 연명의료결정법의 제37조가 "이 법에 따른 연명의료 중단등결정 및 그 이행으로 사망한 사람과 보험금수령인 또는 연금수급자를 보험금 또는 연금급여 지급 시 불리하게 대우해서는 아니 된다"고 명시함으로써, 연명의료 중단 등으로 인해 죽음에 이른 경우 보험 등과 관련하여 불이익을 받

---

23 서울고법 2009. 2. 10. 2008나116869.
24 이에 최경석은 연명의료 중단 및 유보와 관련된 법을 '자연사법'이라고 부르는 것이 합당하다고 말한다(최경석, 위의 글, 230쪽). 실제로 연명의료의 중단 및 유보를 합법화하는 미국의 법률 이름은 '자연사법'(Natural Death Act)이며, '김할머니 사건'과 관련하여 김세연 의원은 세칭 '자연사법'(『삶의 마지막 단계에서 자연스러운 죽음을 맞이할 권리에 관한 법률』, 의안번호 5232, 2009. 6. 22.)을 대표로 발의했었다. 그런데 이인영은 미국의 '자연사법'은 그 전제조건으로 "죽을 권리에 대한 자기결정권"을 요구하며, 이러한 '죽을 권리'는 연방대법원에 의해 인정된 바 있다고 주장한다(이인영, 「미국의 자연사법(natural death act) 규범과 의료인의 면책규정이 주는 시사점」, 『비교형사법연구』 10-1, 한국비교형사법학회, 2008, 484쪽, 504쪽). 그러나 노동일에 따르면 이러한 이인영의 주장은 오류이며(노동일, 위의 글, 7-10쪽), "미국에서 개인에게 인정되는 헌법상 권리는 [죽을 권리가 아니라] 연명치료를 거부할 수 있는 권리인 (연명)치료거부권이다."(노동일, 「헌법상 연명치료중단에 관한 자기결정권 입론의 비판적 검토-헌재 2009.11.26., 2008헌마385 결정에 대한 평석을 겸하여-」, 『헌법학연구』 16-4, 한국헌법학회, 2010, 293쪽) 그리고 이제볼 것처럼, 이는 한국의 경우도 마찬가지이다.

지 않도록 규정하고 있는 근거가 바로 여기에 있다.[25] 비록 연명의료를 중단 혹은 유보함으로써 죽음이라는 결과가 초래된다고 할지라도 이 죽음은 '자연사'로서 고통을 피해 죽음을 추구하는 인위적인 행위의 결과가 아니다. 그것은 누구나 맞이하는 자연스러운 죽음의 한 형태일 뿐이며, 바로 그러한 이유에서 앞서 살펴본 칸트의 '존엄' 개념을 고려한다고 할지라도, '존엄사'라고 불림으로써 발생하는 개념상의 문제는 없다.

이렇게 연명의료를 중단하거나 유보함으로써 초래되는 죽음이 다른 안락사로 인한 죽음과는 달리 자연사로 분류된다는 사실은 연명의료의 중단 및 유보가 죽음과 인과관계로 연결되어 있지 않다는 사실을 드러낸다. 그렇다면 이제연명의료를 중단하거나 유보하겠다는 요구가 죽음에 대한 요구와 곧바로 연결될 수 없다는 점도 쉽게 이해할 수 있다. 사실 연명의료를 중단해 달라는 환자의 요구를 곧바로 자신을 죽여 달라는 요구로 이해하는 것은 비약이다. 이는 마치 코로나19 팬데믹 상황에서 백신접종을 거부하겠다는 사람들의 의사를 바이러스에 감염되겠다는 의지로 이해하는 것과 같다. 환자가 요구하는 것은 연명의료의 중단 혹은 유보이지 죽음이 아니며, 이러한 중단 혹은 유보가 죽음과 밀접한 관계를 맺고 있다는 것은 사실이지만 김할머니의 사례에서 알 수 있는 것처럼 연명의료를 중단한다고 해서 즉각 죽음에 이르게 되는 것도 아니다.[26] 연명의료의

---

25 반면, 새로 발의된 '조력존엄사법'에는 '의사조력자살'로 죽음에 이른 경우 발생할 수 있는 보험 등의 불이익과 관련한 어떠한 규정도 마련되어 있지 않다. '조력존엄사'라는 생경한 용어를 도입하기는 했지만, 법안이 합법화하려는 '의사조력자살'이 결국 '자살'의 일종이라는 사실을 인식하고 있기 때문이라고 볼 수 있다.

26 앞서 보았던 것처럼, 대법원의 판결에 따라 2009년 5월 인공호흡기를 제거한 김할머니는 이후 8개월을 더 생존하다가 2010년 1월 사망하였다.

중단 및 유보에 대한 요구는 죽음에 대한 요구가 아니며, 따라서 연명의료의 중단 및 유보와 관련하여 '죽을 권리', 좀 더 정확히 말하자면, '생명에 대한 자기결정권'은 반드시 논의해야 할 문제는 아니다.

실제로 여러 관련 연구들은 연명의료결정법의 제정을 촉진한 '김할머니 사건'의 판결문들을 분석하면서 이 사건의 판결들이 '생명권' 혹은 '죽을 권리'를 다루지 않았다는 점에 동의하고 있다.[27] 물론 이와 반대로 법원의 판결이 환자의 '죽을 권리'를 따져봄으로써 '생명권'을 다루고 있다고 해석하는 연구들도 있다.[28] 그러나 이 연구들의 구체적인 내용을 살펴보면 용어나 관점의 차이가 있을 뿐, 적어도 이 글이 다루고자 하는 문제와 관련하여 근본적으로 다른 주장을 하고 있는 것은 아니다. 가령 최지윤과 김현철은 "치료 중단은 허용하였으나 죽음을 허용한 것은 아니라고 하는 것은 무리가 있다"고 주장하며, 연명의료의 중단을 허용한 법원의 판결을 "'자연스러운' 죽음을 맞을 수 있는 권리를 확인한 것"[29]이라고 분석한다. 즉 죽음과 밀접하게 연관되어 있는 연명의료의 중단과 관련하여 행사되는 환자의 '치료에 대한 자기결정권'이 생명보호라는 헌법적 의무와 상충하는가를 결정한 재판부의 판결[30]을 환자의 '죽을 권리'에 대한 판결로 이

---

27 노동일, 위의 글, 2010, 304쪽; 이준일, 「대법원의 존엄사 인정(대판2009다17417)과 인간의 존엄 및 생명권」, 『고시계』 629, 고시계사, 2009, 98쪽.

28 이석배, 「연명치료중단의 기준과 절차 - 대법원2009.5.21. 선고 2009다17417 판결이 가지는 문제점을 중심으로-」, 『형사법연구』 21-2, 한국형사법학회, 2009, 153쪽; 최지윤·김현철, 「무의미한 연명치료중단에 대한 환자의 자기결정권 - 대법원2009.5.21. 선고 2009다17417 등을 중심으로」, 『생명윤리정책연구』 3-2, 생명윤리정책연구센터, 2009, 165쪽; 노동일, 위의 글, 2010, 302-304쪽 참조.

29 최지윤·김현철, 같은 글, 165쪽.

30 이석배는 재판부가 환자의 자기결정권과 생명권이 상충하는가를 다루었다는 그 점 자

해하고 있는 것이다. 그러나 여기서 말하는 '죽을 권리'는 이부하가 정의한 것처럼, "'존엄하게' 그리고 '자연적으로' 죽을 자유"를 의미할 뿐, 다른 안락사에서 문제가 되는 "환자 자신의 생명에 대한 임의적인 처분권"을 의미하지 않는다.[31] 이들의 분석을 따를 경우에도, 연명의료 중단 및 유보와 관련하여 문제가 되는 '죽을 권리'는 "'자연스러운' 죽음을 맞을 수 있는 권리", 즉 '자연사할 권리'이지, 생명을 임의적으로 처분할 수 있도록 허용하는 '생명에 대한 자기결정권'이 아니다.[32]

결국 김할머니 사건의 판결을 죽을 권리에 대한 판결로 분석하든 그렇지 않든, 관련 연구들은 모두 연명의료를 중단하는 행위가 '생명에 대한 임의적인 처분권'이라는 의미의 '생명에 대한 자기결정권'과 아무런 상관이 없다는 점에 동의하고 있다. 그리고 무엇보다 '연명의료에 대한 거부 또는 중단'을 헌법상 기본권인 자기결정권의 내용으로 인정한 헌법재판소의 판결문은 "생명권의 주체라도 자신의 생명을 임의로 처분하는 것은

체를 비판한다. 그에 따르면, '김할머니 사건'에서 문제가 되는 '치료에 대한 자기결정권'은 소극적 의미의 자기결정권으로서 생명권 자체로부터 도출되는 권리이다. 따라서 이러한 자기결정권은 생명권과 상충할 아무런 이유가 없음에도 불구하고 재판부는 '치료에 대한 자기결정권'과 '생명에 대한 자기결정권'을 혼동함으로써 그 상충 여부를 따지는 오류를 범하였다.(이석배, 위의 글, 151-152쪽) 즉 '김할머니 사건'의 판결들이 생명권을 다루고 있다고 분석하는 이석배 역시 연명의료의 중단 및 유보와 관련하여 '생명에 대한 자기결정권'은 문제가 되지 않는다는 이 글의 입장과 정확히 같은 입장을 취하고 있다.

31 이부하, 「연명의료결정법의 법적 쟁점 및 개선방안」, 『법제』 688, 법제처, 2020, 239쪽.
32 그런데 인위적인 개입만 없다면 누구나 자연스럽게 죽음을 맞이할 수 있다는 점이 자명하므로, 이와 관련하여 새삼 권리를 말하고 그것의 인정을 논하는 일은 부자연스럽다. 따라서 실질적인 내용에 차이가 없는 것이라면, 불필요한 오해를 낳지 않기 위해 '죽음을 맞이할 권리'나 '죽을 권리'를 말하기보다는 '인위적인 개입을 거부할 권리' 즉 '치료를 거부할 권리'를 말하는 편이 옳다.

정당화 될 수 없다"고 명백하게 밝히고 있다.[33] 즉 헌법재판소가 연명의료 중단과 관련하여 헌법상 기본권인 자기결정권의 내용으로 인정한 것은 '생명에 대한 자기결정권'이 아니라 '치료에 대한 자기결정권'이다. 따라서 '김할머니 사건'의 판결들을 토대로 연명의료 결정에 대한 법률을 제정하기 위해 이루어진 수많은 토론회에서 '생명에 대한 자기결정권'은 논의의 대상이 아니었으며, 현재 시행 중인 연명의료결정법이 "자기결정을 존중하여 인간으로서의 존엄과 가치를 보호하는 것을 목적"으로 한다고 밝혔을 때, 이 인간으로서의 존엄과 가치는 자신의 삶을 스스로 종결할 수 있다는 점에서 보호되는 것이 아니라, 자신이 받기를 원하지 않는 치료를, 그것이 비록 죽음과 밀접하게 연계되어 있을지라도, 거부할 수 있다는 점에서 보호되는 것이다. 연명의료의 중단 혹은 유보로 인해 초래되는 죽음이 존엄사라고 불릴 수 있다면 그것은 그 죽음이 내가 스스로 선택한 죽음이기 때문이 아니다. 이 죽음이 존엄한 것은 이미 시작된 죽음을 스스로 원하지 않는 방법까지 동원하여 굳이 피하지 않고, 이성적이고 도덕적인 인간으로서 담담히 받아들임으로써 삶의 마지막 그 순간을 끝까지 살아냈기 때문이다.

이제 이상의 내용을 포함하여 앞의 표를 다시 정리하면 다음과 같다.

---

33 헌법재판소 2009. 11. 26. 2008헌마385. 사실 모든 기본권의 토대가 되는 생명권을 소멸시킬 수 있는 권리를 생명권에 토대를 두는 기본권의 내용으로 인정하는 것은 논리적으로 모순이다.

존엄사		안락사		
치료에 대한 자기결정권		생명에 대한 자기결정권		
1단계	특수연명의료 중단 및 유보	의사의 행동 환자의 의지	소극적	적극적
		의지적	의사조력자살	약물투여 등
2단계	일반연명의료 중단 및 유보	비의지적	X	그로닝겐 프로토콜
		반의지적	X	살인

5. '자율성 존중의 원칙'과 '최선의 이익 원칙'

이제 의사조력자살을 허용하기 위해서는 연명의료의 중단 및 보류를 허용하기 위해 필요한 권리와는 전혀 다른 성격의 권리가 요구되고, 따라서 연명의료의 중단 등과 관련하여 기존에 이루어졌던 논의와는 전혀 다른 차원의 논의가 필요하다는 점이 명백해졌다. 그리고 무엇보다 헌법재판소의 판결문은 '생명에 대한 자기결정권'을 헌법상 기본권인 자기결정권의 내용으로 인정할 수 없다는 점을 명확히 밝히고 있는바, 의사조력자살을 합법화하려는 조력존엄사법이 실제법으로 제정되기 위해 최종적으로 해결해야 한 사안은 이러한 헌법과의 상충 문제일 것이다.[34] 그러나 이러한 문제외에, 의사조력자살을 새로운 법률을 제정함으로써가 아니라 현행 연명의료결정법을 개정함으로써 합법화하려고 시도할 경우 즉각 마

---

34 2022년 8월 24일 국회에서 개최된 조력존엄사 토론회에서 윤영호 서울대학교 의과대학 교수는 입법을 추진하기 위해서는 헌법소원이 필요할 것이라고 조언하며 같은 문제를 지적한 바 있다(「안규백 의원, 뜨거운 관심 속 조력존엄사 토론회 개최」, 『대한뉴스』, 2022.9.28.).

주할 수밖에 없는 문제들이 있다. 연명의료결정법에는 그것이 생명에 대한 자기결정권이 아니라 치료에 대한 자기결정권을 다루는 것이기에 포함할 수 있었던 몇몇 조항들이 있기 때문이다.

먼저 법률의 목적을 규정하고 있는 제1조부터 문제가 된다. 조력존엄사법의 해당 조항은 "이 법은 호스피스·완화의료와 임종 과정에 있는 환자의 연명의료와 연명의료 중단등결정, 조력존엄사 및 그 이행에 필요한 사항을 규정함으로써 환자의 최선의 이익을 보장하고 자기결정을 존중하여 인간으로서의 존엄과 가치를 보호하는 것을 목적으로 한다"고 되어 있다. 이 조항은 연명의료결정법의 해당 조항의 문구에 "조력존엄사"라는 단어를 추가로 삽입한 것으로서, 조항의 다른 문구는 연명의료결정법의 문구를 그대로 반복하고 있다. 그런데 여기서 주목할 부분은 "환자의 최선의 이익을 보장"함으로써 "인간으로서의 존엄과 가치를 보호"한다는 부분이다. 즉 연명의료결정법의 제1조가 규정하고 있는 법률의 목적에 따르면, 인간으로서의 존엄과 가치는 다만 환자의 자기결정을 존중함으로써만 보호되는 것이 아니라, 환자의 최선의 이익을 보장함으로써도 보호될 수 있다. 그리고 연명의료결정법이 이렇게 인간의 존엄과 가치를 보호하는 방법으로 환자의 자기결정에 대한 존중 외에 환자의 최선의 이익 보장을 명시하고 있는 이유는 연명의료의 대상이 되는 환자들의 대부분이 자신의 의사를 직접적이고 명시적인 방식으로 표현할 수 없는 상황에 놓여 있기 때문이다. 그럼에도 불구하고, 이러한 상황을 고려하지 않고 오직 환자의 자기결정에 의해서만 연명의료를 중단 혹은 유보할 수 있도록 허락할 경우, 이는 사실상 연명의료의 중단 및 유보를 허용하는 것이 아니라 금지하는 결과를 가져올 것이다. 따라서 연명의료결정법의 제17조 3항과 제

18조는 각각 환자의 의사를 직접 알 수 없어 추정해야 하는 경우와 심지어 추정조차 할 수 없는 경우 연명의료를 중단하거나 유보할 수 있는 조건들을 규정하고 있으며, '환자의 최선의 이익'에 대한 보장은 바로 이 조항들, 특히 제18조와 관계한다.

사실 연명의료결정법 제정을 촉진한 김할머니 사건의 경우에도 환자의 의사를 직접 확인할 수 없는 경우였으며, 비록 사건의 판결문들은 여러 정황을 통해 환자의 의사를 추정함으로써 환자의 자기결정에 따라 연명의료의 중단을 결정한 것처럼 판결하고 있지만,[35] 다수의 관련 연구들은 이 판결들이 사실상 환자의 자기결정이 아니라 환자의 최선의 이익에 따라 판결을 내린 것이라고 분석하고 있다.[36] 실제로 대법원의 판결은 서로 다른 두 가지 성격의 자료, 즉 1)"환자가 평소 일상생활을 통하여 가족, 친구 등에 대하여 한 의사표현, 타인에 대한 치료를 보고 환자가 보인 반응, 환자의 종교, 평소의 생활 태도 등"과 2)"환자의 나이, 치료의 부작용, 환자가 고통을 겪을 가능성, 회복 불가능한 사망의 단계에 이르기까지의 치료 과정, 질병의 정도, 현재의 환자 상태 등"을 종합하여 환자의 의사를 객관적으로 추정해야 한다고 밝히고 있다. 그러나 최경석이 지적했듯이, 이 두 집단의 자료들 가운데 환자의 의사를 추정하기 위해 필요한 자료는 1)의 자료들뿐이며, 2)의 자료들은 환자가 현재 처해 있는 객관적 상황을 알

---

35 다만 1심의 판결문은 "죽음을 맞이할 이익이 생명을 유지할 이익보다 더 크게 된다고 할 것"이라고 명시함으로써 판결에서 '환자의 최선의 이익'을 고려했다는 점을 다른 판결문들에 비해 비교적 분명하게 드러내고 있다(서울서부지방법원 2008. 11. 28. 2008가합6977).

36 이석배, 위의 글, 161쪽; 최지윤·김현철, 위의 글, 171쪽; 최경석, 위의 글, 248쪽.

려주는 것으로서 환자의 의사와 독립적으로 환자에게 '최선의 이익'이 될 수 있는 것이 무엇인가를 판단하기 위해 필요한 것들이다.[37]

그런데 안대희와 양창수가 제시한 대법원의 소수의견은 1)의 자료들조차 환자의 "추정적 의사"를 확인하기 위한 자료로 활용되기에는 매우 부적절하다고 주장하고 있다. 이들에 따르면, '추정적 의사'란 "어떠한 표현행위를 하는 사람이 현실적으로 가진 의사를 제반 정황으로부터 추단하여 그의 의사표시로 인정하는 것"을 의미하며, 가령 인천 가는 버스를 타는 사람의 행위로부터 인천을 가겠다는 의사를 추정하여 그 사람의 의사로 인정하는 경우가 이에 해당한다. 이러한 추정적 의사는 어떤 사람이 특정한 상황에 처했을 때 가질 것이라고 예상되는 '가정적 의사'와는 명확히 구분되어야 한다. 그런데 1)의 자료들이 제시하는 김할머니의 말과 행동은 "누구나 건강한 상태에서 흔히 할 수 있는 정도의 것"에 불과하며, 김할머니 자신에 대한 것도 아니라 타인에 대한 것들일 뿐이다. 김할머니는 '추정적 의사'라고 인정할 수 있을 정도로, "의사결정능력이 있는 상태에서 의료기관으로부터 직접 충분한 의학적 정보를 제공받아 설명을 들은 후 이를 바탕으로 가치관에 따라 심사숙고한 결과로서" 자신이 대상이 되

---

37 최경석, 위의 글, 239쪽. 물론 2)의 자료들을 통해 파악되는 객관적 상황을 환자가 정확히 알고 있을 때, 환자가 어떤 판단을 할 것인가를 추정해야 한다는 점에서 2)의 자료 역시 환자의 의사를 추정하기 위해 필수적이라고 주장할 수 있을 것이며, 실제로 대법원의 판결만이 아니라 1심, 2심의 판결은 이러한 점을 고려하여 2)의 자료들을 환자의 의사를 추정하기 위한 자료로 고려하고 있다. 그러나 이러한 주장은 이제살펴볼 대법원의 소수의견의 논지를 강화시켜 주는 것으로 보인다. 소수의견에 따르면 다수의견이 판결의 근거로 삼고 있는 환자의 "추정적 의사"는 사실 특정한 상황 속에서 환자가 할 것이라고 예상되는 "가정적 의사"에 불과하다.

는 연명의료에 대한 의견을 "지속적인 의사로서 진지하게 표시"한 바 없다. 따라서 제시된 자료들로부터 도출할 수 있는 김할머니의 의사는 '추정적 의사'가 아니라 '가정적 의사'일 뿐이며, 이러한 가정적 의사에 기초하여 환자의 자기결정권을 이유로 연명의료를 중단하는 일은 옳지 못하다. 그렇다고 대법원의 소수의견이 김할머니의 연명의료 중단에 반대하는 것은 아니다. 소수의견은 김할머니의 사례처럼 "환자 본인의 명시적 또는 묵시적 의사가 인정되지 않는 경우에도 엄격한 예외적인 요건 아래서 연명치료의 중단이 허용될 수 있"어야 한다고 주장한다. 즉 대법원의 소수의견은 연명의료의 중단 혹은 유보가 환자의 자기결정만이 아니라 환자의 최선의 이익에 따라서도 이루어질 수 있도록 해야 한다고 주장한다.[38]

문제는 환자의 자기결정을 따라 행동할 것을 요구하는 '자율성 존중의 원칙'과 환자의 최선의 이익을 고려하여 행동할 것을 요구하는 '최선의 이익 원칙'이 상충하는 경우가 있다는 사실이다. 가령 종교적 이유로 수혈을 받지 않고 수술을 받으려는 환자의 경우, 자율성 존중의 원칙을 따른다면 수혈을 하지 않는 것이 옳지만, 최선의 이익 원칙을 따른다면 수혈을 하는 것이 옳다.[39] 환자의 의사가 무엇이든, 수혈을 하는 것이 환자의 최선

---

38 이 단락의 모든 인용은 대법원 2009. 5. 21. 2009다17417.

39 대법원은 이와 같은 사례와 관련하여, 수혈 없이 수술을 진행한 의사에게 책임을 물을 수 없다고 판시한 바 있다(대법원 2014. 6. 26. 2009도14407). 이미 헌법재판소가 헌법상 기본권인 자기결정권의 내용으로 '치료에 대한 자기결정권'을 인정했기 때문에 이러한 판결은 당연한 것처럼 보이나, 판결문의 내용을 살펴보면 재판부의 입장은 그렇게 단순하지 않다. 재판부는 환자의 자기결정권을 원칙적으로 우위에 두어야 한다는 입장에 대해서는 분명히 반대하고 있다.

의 이익에 부합한다는 점은 객관적으로 자명하기 때문이다. 물론 환자의 최선의 이익이 무엇인가를 따져볼 경우, 환자의 의사를 고려 대상에서 반드시 배제해야만 하는 것은 아니다. 환자의 의사는 여러 자료들 가운데 하나로서 고려될 수 있다. 그러나 이러한 경우에도 환자의 의사는 고려해야 할 여러 사안들 가운데 하나로 다루어져야지, 그것에 지나치게 큰 중요성을 부여하여 최선의 이익을 판단할 경우, 이렇게 판단된 환자의 최선의 이익은 객관적인 환자의 최선의 이익이 아니라 환자 자신이 생각하는 주관적인 최선의 이익이 될 것이다. 따라서 이러한 환자의 최선의 이익에 따라 행동한다면, 이제여기서 작동하는 원칙은 더 이상 최선의 이익 원칙이 아니라 자율성 존중의 원칙이다.[40]

이렇게 자율성 존중의 원칙과 최선의 이익 원칙은 양립 불가능한 것만은 아니지만 많은 경우 상충할 수 있고, 그럼에도 연명의료결정법은 자율성 존중의 원칙만이 아니라 최선의 이익 원칙을 법률의 목적에 명시하고, 환자의 의사를 명확하게 확인할 수 없어 그 의사를 추정해야 하거나 심지어 추정조차 할 수 없는 경우에도 연명의료를 중단하거나 유보할 수 있도록 관련 조항을 만들어 놓았다. 그런데 연명의료결정법이 이렇게 상충할

---

40 최경석 역시 이와 비슷한 주장을 하고 있다. 그에 따르면, '환자의 최선의 이익'을 결정할 때 환자의 가치관이나 신념 등에 대한 고려를 포함할 경우, "최선의 이익이란 원칙은 자기결정권 존중의 원칙을 포함하는 원칙이 되"고, 결국 자기결정권을 존중하는 것이 곧 환자의 최선의 이익을 따르는 것이 될 것이다.(최경석, 위의 글, 240쪽) 그러나 이러한 그의 우려에 대해 전적으로 동의하지만, 그가 말하는 것처럼, 환자의 최선의 이익이 "환자의 직접적인 이익이나 삶의 질과 같은 환자의 이익을 언급하는 것"(같은 글, 239쪽)이라면, 왜 환자의 최선의 이익을 결정하기 위해 환자의 가치관이나 신념, 선호 등을 여러 자료들 가운데 하나로서라도 고려해서는 안 되는지는 이해할 수 없다.

수도 있는 두 원칙을 동시에 수용할 수 있었던 이유는 무엇보다 이 법이 임종 과정에 있는 환자를 대상으로 하는 치료에 대한 자기결정권에 관한 법률이었기 때문이다. 이미 죽음의 과정에 들어선 환자에 한해서, 환자 본인의 의사를 명시적으로 확인할 수 없는 경우에 가족들의 의사를 포함한 객관적인 자료들을 근거로 환자의 최선의 이익을 판정하여 치료를 중단 혹은 유보하는 일은 사회적으로 충분히 받아들일 수 있는 일이며, 앞서 말했던 바처럼 과거 '보라매병원 사건'이 발생하기 이전까지 모든 병원에서 암묵적으로 허용해 왔던 일이다.

그렇다면 이제 물어야 할 것은 임종 과정에 있는 환자가 아닌 말기환자의, 치료에 대한 자기결정권이 아닌 생명에 대한 자기결정권을 인정함으로써, 말기환자 스스로가 자신의 생명을 인위적으로 종결할 수 있도록 허용하려는 조력존엄사법이 과연 연명의료결정법처럼 최선의 이익 원칙을 수용할 수 있는가의 여부이다. 그리고 그 답은 자명하다. 조력존엄사가 의사의 조력을 받아 스스로 자신의 삶을 종결시키는 행위를 의미하는 한, 스스로의 결정이 아닌 다른 누군가의 결정으로 인해 이루어지는 조력존엄사는 그 자체로 모순이기 때문이다. 실제로 조력존엄사법은 1)"말기환자에 해당할 것", 2)"수용하기 어려운 고통이 발생하고 있을 것", 3)"신청인이 자신의 의사에 따라 조력존엄사를 희망하고 있을 것"이라는 세 가지 사항을 조력존엄사의 대상자가 되기 위한 조건으로 제시하고 있다.[41] 이러한 조건들에 모호함이 없는 것은 아니지만, 이 조건들은 말기환자 자신이 조력존엄사의 신청인이 되어야 함을 명시함으로써 스스로 자신의 의

---

41   안규백, 위의 글, 5쪽.

사를 표현하는 말기환자만이 조력존엄사의 대상자가 되도록 규정하고 있다. 즉 조력존엄사법은 그것이 연명의료결정법의 개정안으로 발의됨으로써 법률의 목적을 규정하는 제1조에 환자의 최선의 이익을 명시하고 있음에도 불구하고, 최선의 이익 원칙을 근본적으로 배제한다.

그런데 이러한 상황은 달리 생각해보면 조력존엄사법이 최선의 이익 원칙을 수용하도록 지속적으로 압력을 받게 될 것이라는 점을 의미하는 것이기도 하다. 즉 조력존엄사법이 환자의 최선의 이익을 그 법률의 목적에 명시하고 있는 한, 이 법률은 연명의료결정법의 제정 과정에서 문제가 되었던 '적용대상의 지나친 제한 등으로 발생하는 법률의 실효성 문제'와 '의사를 추정할 수 없는 환자와의 형평성 문제'[42]와 관련하여 여지를 남겨둘 수밖에 없다. 가령 수용하기 어려운 고통을 겪고 있음에도 불구하고 명료하게 의식을 유지한 채 자신의 의사를 분명하게 표현할 수 있는 말기환자는 과연 얼마나 될 것인가? 의식이 없거나 혹은 완전히 없는 것은 아니지만 명료하지 않아 자기결정 여부가 불분명한 말기환자에게 조력존엄사는 허용되어야 하는가, 허용되지 않아야 하는가? 허용되지 않아야 한다면, 똑같이 고통을 받고 있지만 의식이 또렷한 환자와 그렇지 못한 환자를 차별하는 일은 과연 정당한가? 그런데 이러한 문제를 논의하는 과정에서 조력존엄사법이 법률의 목적이 명시하고 있는 최선의 이익을 고려하여 그 대상자를 점차 의사를 직접 확인할 수는 없지만 추정할 수 있는 환자와 심지어 의사를 추정할 수 없는 환자로까지 확대한다면, 이제 조력존엄사법은 분명 그것이 발의될 때에는 의도하지 않았을 것임에 분명한 '비

---

42   국가생명윤리정책원, 위의 글, 61-62쪽, 102쪽.

자발적 안락사'를 허용하기에 이를 것이다.

　결국 여기서 마주하게 되는 것은 안락사와 관련된 논의에서 반복적으로 제기되어 왔던 '미끄러운 비탈길 논증'이다. 사실 조력존엄사법을 연명의료결정법의 개정안으로 발의했다는 점에서 이러한 상황은 자초한 것이라 할 수 있다. 연명의료결정법이 미끄러운 비탈길 논증에 효과적으로 대응할 수 있었던 이유는 연명의료의 중단 및 유보를 허용함으로써 보장하려는 권리가 치료에 대한 자기결정권으로서 의사조력자살과 같은 안락사를 허용함으로써 보장하려는 권리, 즉 생명에 대한 자기결정권과 근본적으로 다르다는 사실 때문이었다. 그러나 조력존엄사법은 새로운 법률의 제정을 통해서가 아니라 기존 연명의료결정법의 개정을 통해 의사조력자살을 도입하려고 시도함으로써, 미끄러운 비탈길 위에 스스로 올라섰다. 이제 연명의료결정법에 반대했던 사람들의 주장, 즉 연명의료의 중단을 허용하게 된다면 곧이어 의사조력자살과 같은 소극적 안락사를 허용하게 되고, 또 적극적 안락사와 비자발적 안락사, 극단적으로는 반자발적 안락사마저 허용하게 될 것이라는 주장은 설득력을 얻게 되었다.

6. 죽음의 질이 문제인가? 삶의 질이 문제인가?

　지금까지 최근 발의된 '조력존엄사법'을 비판적으로 검토하면서 존엄사와 안락사를 명확하게 분류하여 새롭게 정립하였고, 현재 시행 중인 연명의료결정법의 의미를 분명히 함으로써 그것이 결코 조력존엄사법과 같은 목적을 가지고 있지 않으며, 따라서 조력존엄사법이 연명의료결정법의 개정안으로서 추진될 경우 전혀 의도하지 않았던 문제를 야기할 수 있다는 점을 보여주었다. 그러나 글의 도입부에서 말한 것처럼, 이 글은 단순히 조력존엄사법을 반대하기 위한 글이 아니며, 나아가 안락사 일반을 반대하기 위한 글도 아니다. 오히려 이 글은 안락사와 관련된 논의가 엄격히 통제된 지평 속에서 이루어질 수 있기를 기대하며, 현재 한국 사회가 제도적으로 허용하고 있는 죽음의 방식이 무엇이고, 그것이 어떤 성격을 가지고 있는가를 정확히 보여주고자 했다. 죽음의 방식과 관련된 논의에서 실질적인 성과를 얻어낼 수 있는 유일한 방법은 정확하게 구획된 지평 위에서 명확히 규정된 개념들을 가지고 벌어지는 진지한 토론이라고 믿기 때문이다.

분명 오늘날 안락사는 적어도 고려해 볼 수 있는 죽음의 한 방식으로 많은 사람들에게 받아들여지고 있다. 현대의학의 놀라운 발전은 사람들의 평균수명을 연장시켰고, 모든 질병을 만성질환으로 변화시켜 가고 있다. 사람들은 이제 늙고 병들지 않을 수는 없더라도 좀처럼 죽지 않을 수는 있다. 이렇게 연장된 삶 속에서 이전에는 불가분한 것으로 보였던 노화와 죽음이 분리되기 시작했다. 사람들이 두려워하는 것은 더 이상 죽음 그 자체가 아니다. 사람들은 늙는다는 것, 약해진다는 것을 두려워하고 심지어 혐오하며, 이 두렵고 혐오스러운 노화를 피할 수만 있다면 죽음은 결단할 수도 있는 무엇이라고 생각한다. 노화는 무엇보다 피하고 싶고 혐오스러운 것이지만 죽음은 충분히 받아들일 만한 무엇이다. 이러한 맥락에서 안락사 도입을 찬성하는 목소리가 지속적으로 높아지는 현상은 자연스럽다. 그러나 이러한 안락사에 대한 증가하는 선호는 동시에 말년의 삶이 얼마나 고통스러운가를 보여주는 증표라는 점을 잊지 않아야 한다. 조력존엄사법이 '제안 이유'에서 인용하고 있는 80%에 달하는 안락사에 대한 찬성 여론을 어떻게 읽어야 하는가는 진지하게 고민할 문제이다.

실제로 '제안 이유'가 참조하고 있는 것으로 보이는 윤호영 등의 연구는 이전의 연구들에서 안락사 도입의 주된 찬성 이유가 "자율성 존중"과 "자신의 삶의 마지막을 통제하고 싶어함"이었던 것에 비해, 이 연구에서는 "남은 삶의 무의미함", "좋은 죽음에 대한 권리", "고통으로부터의 해방", "부담되고 싶지 않음"이었다는 점을 지적하고 있다.[43] 안락사 도입에 대한 찬성 여론은 괴롭고 고단한 노년의 삶으로부터 도망치고자 하는 욕구의 반영이며, 따라서 문제는 여전히 죽음의 질이 아니라 삶의 질일지도 모른다. 이러한 맥락에서, 안락사에 대한 법제정이 완화의료의 발전에 악영향을 줄 수 있다는 점을 심각하게 받아들여야만 한다. 그리고 이 점과 관련하여 연명의료에 관한 법률이 왜 논의 과정에서 호스피스·완화의료에 관한 법률과 통합되어 현재의 모습이 갖추게 되었는지를 상기할 필요가 있다. 사람들은 이미 연명의료에 관한 법률의 제정 과정에서 호스피스·완화의료제도가 '연명의료 결정제도를 도입할 때의 가장 중요한 전제조건'이라는 점에 합의하였다.[44] 이러한 합의는 의사조력자살이라는 새로운 죽음의 방식을 모색하고 있는 지금, 여전히 유효하다.

43 Yun YoungHo, etc., 「Attitudes toward the legalization of euthanasia or physician-assisted suicide in South Korea: A cross-sectional survey」, 『International Journal of Environmental Research and Public Health』 19-9, 2022, p.5183.

44 국가생명윤리정책원, 위의 글, 26쪽, 33쪽 참조.

고대 그리스의
장례 문화

— 아티카식 도기화 속 장례 도상을 중심으로

김혜진 (한국외국어대학교 그리스 · 불가리아학과와 고전어문 · 문화학과 부교수)

1. 서론: 죽음

장례는 한 개인이 맞는 통과의례의 마지막 관문이다. 고인이 안치되는 묘소는 그의 죽음을 표상하는 물리적 공간이자 그에 관한 기억을 공식화하는 기념물이다. 그러한 까닭에 장례와 묘소는 망자의 죽음에 대한 정보와 그의 삶에 관한 기억을 유추하는 중요한 단서가 된다. 그렇지만 망자가 스스로를 묻지 못하고 산 자들이 그의 시신을 처리하고 무덤에 안치한다는 사실에서 장례와 묘소 문화가 망자보다는 산 자들에 관한 더 많은 정보를 드러내기도 한다.[1] 삶과 죽음이 공존하고 그 기억이 영구적으로 봉인된다는 점에서 장례 문화에 관한 연구는 과거를 탐구하는 이들에게 매력적인 연구 주제이다.[2]

---

1 마이크 파커 피어슨, 『죽음의 고고학』, 이희준 역, 사회평론 아카데미, 1999, 11-12쪽.
2 국내에서 대표적으로, 조은정의 논문 「아테네 장례 조형물에 재현된 현세의 기억」에서는 기원전 5세기 후반 아테네의 장례 조형물에서 목도되는 변화 양상을 분석하고, 최혜영의 논문 「고대 아테네 무덤 조형물 연구 - 시대적 변화 및 어린이 무덤 조형물을 중심으로」에서는 시대별로 아테네의 묘소 조형물에서 발견되는 변화상과 어린이의 묘소 조형물에 나타나는 도상의 특징을 분석하였다. 김혜진의 논문 「팔레론의 데메트리오스 집권기(기원전 317-307년)의 아테네의 조형물 연구」는 기원전 4세기 말 아테네의 묘소

그리스 신화에서 신과 인간을 가르는 가장 중요한 지점은 죽음이다. 필멸의 존재인 인간에게 죽음은 제아무리 세상을 호령하고 날고뛰는 영웅이라도 피할 수 없는 운명이었다. 기원전 8세기에 그리스 알파벳이 등장하면서 기록된 최초의 문학작품으로 알려진 호메로스의 서사시는 영웅들의 모험과 죽음에 관한 이야기를 담고 있다. 호메로스의 작품에서 죽음과 장례에 관해 언급한 부분이 다수 등장하는데, 몇 개의 인용문을 통해서 초기 그리스인들이 삶과 죽음에 관해 지녔던 시각을 짐작할 수 있다.

호메로스의 『오디세이아』의 11장에서 트로이 전쟁을 끝내고 귀향길에 오른 오디세우스가 고향으로 가는 길을 찾아 헤매다 지하세계까지 가게 된다. 그는 그곳에서 전장의 전우들을 비롯해 여러 혼백들과 이야기를 나누게 된다. 트로이 전쟁의 영웅인 아킬레우스의 혼백을 만난 오디세우스는 그처럼 행복하지 못했고 앞으로도 그럴 것이며, 아르고스(Argos)인들이 그를 신처럼 추앙했고, 지금은 사자들 사이에서 강력한 통치자라고 칭송한다. 이에 혼령이 된 아킬레우스는 죽음은 초라한 삶에 비해서 더 나을 것이 없는 상태라고 답한다.

> 죽음에 대해 내게 그럴싸하게 말하지 마시오….
> 나는 세상을 떠난 모든 사자들을
> 통치하느니 차라리 지상에서 머슴이 되어 농토도 없고
> 재산도 많지 않은 가난한 사람 밑에서 품이라도 팔고 싶소이다.[3]

조형물의 변화상을 팔레론의 데메트리오스의 집권과 연결하여 설명하였다.

3   Homer, *Odyssey*, 11. 489-491. 천병희 역.

오디세우스가 지하세계에게 만난 혼백 가운데에는 자신의 어머니인 안티클레이아(Antikleia)도 있었다. 그녀는 트로이 전쟁에 나선 아들을 그리워하다 그 슬픔을 이기지 못하고 자결하였는데, 죽음의 과정과 사후에 관하여 이렇게 설명한다.

> 인간이 죽게 되면 당하게 되는 운명이란다.
> 일단 목숨이 흰 뼈를 떠나게 되면
> 근육은 더 이상 살과 뼈를 결합하지 못하고
> 활활 타오르는 불의 강력한 힘이 그것들을 모두 없애버리지만
> 혼백은 꿈처럼 날아가 배회하게 되는 것이란다.[4]

호메로스를 비롯하여 고대 그리스인들이 지하세계를 상정하였지만, 죽은 자의 부활이나 환생과 같은 내세에 관한 믿음은 일반적이지 않았다. 현세적인 그리스인들의 종교관에서 보면 죽음은 당사자에게 종결 그 자체를 의미하였다. 오히려 죽음은 당사자보다 남은 자들에게 더 의미가 있는 사건이었다. 개인의 죽음이 사회적으로 인정되는 것은 그가 속한 가족과 공동체가 그 죽음을 수용하는 과정인 장례를 통해서 구체화하기 때문이다. 고대 그리스인들의 죽음의 흔적은 고고학 발굴을 통해서 드러난다. 매장이든 화장이든 다양한 형태의 묘소 발굴과 그 내부의 유골과 부장품에 관한 연구는 고대 그리스의 장례 문화에 대한 궁금증을 풀어 가는 가장 중요한 단서이다. 하지만 그리스의 장송 문화는 지역과 시대에 따라서

---

4   Homer, *Odyssey*, 11. 218-223. 천병희 역.

다양한 양상을 나타내고, 같은 시대와 지역이라고 해도 망자가 속한 계층이나 집단에 따라 장례 문화가 다르게 나타난다는 점은 고대 그리스의 장례 문화에 대한 이해를 더욱 어렵게 한다.[5] 또한 문헌과 고고학적 증거의 단편적인 기록은 고대 그리스의 장례 문화 전반을 이해하기에는 역부족이다. 이에 본 연구는 문헌자료를 참고하여 고대 그리스의 장례의 의미를 개괄적으로 이해하고, 구체적인 장례의 절차와 그 의미를 아티카 지역의 도기에 재현된 장례의 도상에 한정하여 살펴보고자 한다.[6] 이 글에서 다루는 연구 대상은 기원전 8세기경부터 기원전 5세기 사이에 제작된 도기 가운데 아티카 양식으로 제작된 것으로 한정한다.

2. 장례의 의미

그리스인들은 죽음의 순간에 영혼이 몸을 떠난다고 믿었다. 따라서 누군가 죽게 되면 시신을 적절히 수습하고 전통 의식에 따라 장사를 치러야 했다. 호메로스의 『일리아스』 23장에서 아킬레우스는 절친하였던 파트로클로스의 죽음으로 고통스러워하다가 그를 죽인 트로이의 장수인 헥토르를 죽임으로써 복수한다. 아직 파트로클로스의 장사를 치르지 못한 상황

---

5   그리스의 장례 문화는 시대와 지역에 따라 다양하였다. K. J. Hame, *Ta Nomizomena: Private Greek Death-ritual in the Historical Sources and Tragedy* (Ph.D. Diss., Bryn Mawr College, 1999), pp.5-8.
6   그리스의 다양한 장례 문화를 아테네의 사례로 이해하는 것은 무리이지만, 고전 그리스학에서 아테네 중심의 사료가 대부분을 차지하고 있다는 점을 고려할 필요는 있다.

에서 그의 혼령이 아킬레우스에게 나타나 서둘러 장례를 치러 달라고 부탁한다.

> 어서 나를 장사지내 하데스의 문을 통과하게 해주시오.
> 사자들의 그림자인 혼백들이 나를 멀리 내쫓아
> 강을 건너 그들 틈에 섞이지 못하게 하니, 나는 정처 없이
> 문이 넓은 하데스의 집 근처를 헤매고 있소이다.
> … 그대들이 나를
> 화장하고 나면 나는 다시는 하데스의 집에서 돌아오지 못할 테니까요.[7]

그리스인들은 죽은 자가 망령이 되지 않기 위해서는 장례를 치러야 하고, 장례를 치름으로써 죽은 자는 다시는 산 자에게 돌아오지 못한다고 여겼다. 망자에 대한 적절한 장송 의례와 애도가 필요하다는 점은 호메로스의 『오디세이아』에도 드러난다. 키르케의 섬에서 사고로 죽은 엘페노르(Elpenor)의 혼백은 오디세우스에게 나타나 이렇게 읍소한다.

> …제발 부탁이니 나를 기억해주시오.
> 울어주지도 매장하지도 않은 채 나를 뒤에 남겨 두고 떠나지 마시오.
> 나로 인해 그대가 신들의 노여움을 사지 않도록 말이오.
> 그대는 내 모든 무구들과 함께 나를 화장한 다음 나를 위해
> 그곳 잿빛 바다의 기슭에 무덤을, 한 불운한 남자의 무덤을

---

7 Homer, *Iliad*, 23. 71-76. 천병희 역.

쌓아 올려주시오. 후세 사람들도 내 이야기를 들을 수 있도록 말이오.

…내가 살아서 전우들과 함께할 젓던 노를 내 무덤 위에 꽂아주시오.[8]

죽은 자는 다시는 산 자들의 곁으로 올 수 없었지만, 망자는 무덤으로 산 자들 사이에서 기억될 수 있었다. 호메로스의 시대의 영웅들에게 화장이 보편적인 장례 문화였지만, 고전기 아테네에서는 매장이 보편화된다. 실제로 기원전 800년 직후부터 아티카 지역에서 화장을 대신하여 매장이 장례 문화의 주류가 되었음은 고고학적으로 밝혀졌다.[9] 호메로스의 영웅 시대 이후에 수 세기가 지나면서 장례의 방식이 화장에서 매장으로 바뀌었으나, 장례의 의미 자체는 크게 변화하지 않았던 것으로 보인다. 장사를 치르지 못한 망자의 혼백이 산 자들에게 나타나서 원한을 품을 수 있다는 인식은 기원전 5세기 전반에 초연한 소포클레스의 『안티고네』에도 그대로 드러난다.[10] 이 작품에서 반역 행위를 한 폴리네이케스의 시신은 테바이의 왕 크레온의 명령으로 장례를 치르지 못한 채로 거리에 버려진다. 이에 누이인 안티고네는 폴리네이케스의 시신에 흙을 뿌리고 그 주위에 제주를 부어 장사를 치러준다. 안티고네의 행동을 옹호하는 예언자 테이레시아스는 크레온에게 이렇게 말한다.

8   Homer, *Odyssey*, 11. 71-78. 천병희 역.

9   Yannis Galanakis, "Death and Burial," in Irene S. Lemos and Antonis Kotsonas eds., *A Companion to the Archaeology of Early Greece and the Mediterranean* (Hoboken, NJ: Wiley-Blackwell, 2020), p.368.

10   Homer, *Iliad*, 23. 71-76.; Sophocles, *Antigone*, 256.

…하계의 신들에게 속하는 시신을

장례도 치르지 않고, 매장도 않은 채 욕보이며 지상에

붙들고 있기 때문이오. 시신들에 대해서는 그대에게도,

상계의 신들에게도 아무 권한이 없소이다. 그대가

그렇게 하는 것은 하계의 신들에 대한 횡포요.

그래서 나중에라도 반드시 복수하는 악령들이,

신들께서 보내시는 복수의 여신들이 그대를 노리고 있으며,

그대를 똑같은 재앙으로 엄습할 것이오.[11]

고대 그리스인들에게 장례는 망자를 위해 마지막 예를 다하는 것이기도 했지만, 다른 측면에서 보면 장례는 사회적인 의미를 지녔다. 산 자들이 망자의 장사를 치르는 것은 일종의 의무이면서, 사회적으로 합의된 규범이었다. 적절한 장례를 치르지 않음으로써 사회적 갈등을 불러일으키고 공동체를 전복시키는 위험스러운 일을 초래할 수 있기 때문이었다. 이러한 위험성에 관해서 테이레시아스가 크레온에게 이렇게 경고한다.

…개 떼나 짐승 떼나, 또는 불경한 악취를

도시와 그 전사들의 화로로 나르는 날개 달린 새가

갈기갈기 찢은 시신으로 장례를 치르게 되면,

모든 도시들이 증오심을 품고 일어서게 될 것이오.[12]

---

11   Sophokles, *Antigone*, 1069-1076.
12   Sophocles, *Antigone*, 1080-1083.

장례가 망자의 권리라면, 산 자들에게는 의무였다.[13] 고대 그리스에서 한 개인의 죽음에서 장례는 개인의 수준에서뿐만 아니라, 그가 속한 사회에서도 필수적인 절차였다. 장례의 구체적인 과정은 문헌을 통해서도 확인되지만, 서사적 이미지가 재현된 아테네의 도기화에서 시각적으로 드러난다.

3. 장례 도상

그리스어로 장례를 의미하는 '케데이아'(kedeia)는 '돌보다', '정리하다'의 의미인 단어 '케도마이'(kedomai)에서 나왔다. 따라서 시신을 돌보고, 망자의 삶의 흔적을 정리하는 과정을 장례의 의미로 이해할 수 있다. 구체적으로는 장례에는 망자의 죽음을 인식하고 애도하며, 영혼의 안식처가 될 물리적인 공간으로 묘소를 만드는 것까지의 절차가 포함된다. 고대 그리스에서 장례는 일반적으로 세 단계로 진행되었다. 그 처음은 시신을 깨끗이 씻기고 주검을 집안에 안치하고 애도하는 이들이 경야를 하는 단계로, 프로테시스(prothesis)라고 한다. 다음 단계는 주검을 무덤이 마련되는 곳으로 이동시키는 엑포라(ekphora)로, 이때 운구와 함께 죽음을 애도하는 이들이 행렬을 지어 매장지까지 함께 이동하게 된다. 그러고 나서 마지막 단계에서는 시신의 매장이 이루어진다. 고대 그리스에서 장례의 절차는

---

13   M. Alexiou, *The Ritual Lament in Greek Tradition* (Lanham: Rowman & Littlefield, 2002), p.4.

묘소 표지로 사용된 도기의 표면에 그려진 도상을 통해서 구체적으로 확인할 수 있다. 도기를 세워 만든 묘소 표지는 특히 아테네에서 발견된 사례들이 주를 이루고 있어서, 고대 아테네의 장례 문화를 재구성하는 중요한 단서가 된다.

프로테시스가 치러지는 동안 시신은 깨끗하게 씻겨서 집안에 안치되었다.[14] 시신에 향유를 바르고, 흰색의 깨끗한 옷을 입혔다. 망자가 미혼이거나 신혼일 때에는 결혼식 예복으로 대신하였다.[15] 시신은 요와 베개가 놓인 침상에 눕혔고, 발은 문이나 길을 향하게 하였다.[16] 조문객의 정화 의식을 위해서 대문에는 물을 담은 그릇을 놓고, 망자를 애도하기 위해 머리카락 다발을 잘라 놓았다.[17]

기원전 8세기 초에 제작되어 아테네에서 출토된 한 도기화에서 프로테시스의 장면이 인상적으로 재현되어 있다(도판1).[18] 이 도기는 당시에 아테네의 도기화에서 유행하던 기하학적 문양이 도기의 표면 전체에 여럿의 띠로 나뉘어 그려져 있는데, 그 중앙부에 직사각형의 공간에 18명의 애도하는 사람들과 치마를 입은 여성 망자가 침상에 누워 있는 모습이 나타난다. 이 도기는 암포라(amphora)라고 불리는 형태로, 그 높이가 160센

---

14 Homer, *Odyssey*, 11.429, 24.296.

15 M. Alexiou, *The Ritual Lament in Greek Tradition* (Lanham: Rowman & Littlefield, 2002), p.4

16 Homer, *Iliad*, 19.212.

17 Euripides, *Alcestis*, 99-100; Homer, *Iliad*, 23.135, 152

18 아티카식 흑화식 암포라, 디필론 화가(Dipylon Painter), 높이 160cm, 대략 기원전 760-750년, 아테네 국립고고학박물관 소장번호 804. Beazley Archive no. 1010917. 도판 https://en.wikipedia.org/wiki/Dipylon_Amphora#/media/File:Grave_amphora._8th_cent._B.C.jpg (2022년 11월 15일 검색).

티미터에 달하는 기념비적인 규모이다. 이것은 아테네의 디필론(Dipylon) 부근에 있던 여성의 무덤에서 발견되었는데, 무덤의 외부에 세워져 묘소의 조형물로 사용되었다.

그려진 인물들은 실루엣만이 간략하게 도식적으로 표현되어 있는데, 이는 당시 미술의 특징인 기하학적 양식에 따라 그려진 탓이다. 인물들은 모두 머리를 양손으로 붙잡고 있는 모습인데, 이 자세는 그리스 미술에서 애도하는 전형적인 몸짓으로 해석된다. 망자를 기리는 호곡은 장례의 매 단계에서 가슴이나 몸을 잡아 뜯으며 통곡하는 방식으로 나타난다. 도기화 속 통곡하는 여성들은 「일리아스」에서 파트로클로스의 주검을 앞에 두고 머리카락을 잡거나 가슴을 때리고, 울부짖으며 통곡하는 브리세이스를 떠올리게 한다.[19] 이 여성들은 도기화를 비롯하여 아르카익기에 제작된 여럿의 토우에서도 보인다.[20] 문헌에서 망자를 애도하는 목적으로 애도자들이 머리카락 다발을 잘라두었다는 관행은 이러한 애도의 몸짓과 연관하여 해석될 수 있다.[21] 침상의 오른편에 있는 인물은 상대적으로 키와 몸집이 작아서 어린이로 보인다. 또한, 이 인물은 한 손을 머리에 두고 다른 한 손으로 침상을 붙잡고 슬픔을 드러내고 있어서 엄마를 잃고 슬픔

---

19   Homer, *Iliad*, 19.282-85.
20   통곡하는 여인, 토우, 보이오티아(Boeotia) 출토, 기원전 575년, 보스턴 미술관 (Boston Museum of Fine Arts) 소장번호 67.916. 도판: https://collections.mfa.org/objects/151502 (2022년 11월 15일 검색). M. Giannopoulou, "Emotional Responses to Death and the Afterlife," in Angelos Chaniotis, Nikos E Kaltsas et als.(eds.) *A World of Emotions: ancient Greece, 700 BC-200 AD* (New York: Alexander S. Onassis Public Benefit Foundation), p.234, cat. 111, 112.
21   Euripides, *Alcestis*, 99-100; Homer, *Iliad*, 23.135, 152.

에 빠진 어린 자녀로 여겨진다.

앞선 도기와 마찬가지로 아테네의 디필론 부근에서 발견되었으나, 약간 후대인 기원전 750년에서 기원전 735년 사이에 제작된 도기의 사례도 살펴볼 만하다(도판2).[22] 이 도기는 포도주를 물과 희석할 때 사용하는 크라테르(krater)라는 유형의 도기로, 남성 묘소에서 발견되었다. 이 크라테르에서도 시신이 누워 있는 침상을 중심으로 애도하는 자세의 사람들이 좌우에 배치되고, 시신의 발 부근에 어른과 아이가 쌍을 이루어 침상의 위와 아래에 그려져 있다. 시신의 머리쪽에 선 인물은 한 손을 머리에 두고, 다른 한 손에는 나뭇가지(또는 식물의 줄기?)를 쥐고 있다. 마찬가지로 시신의 발 부근에서 의자에 앉은 남성도 손에 나뭇가지를 쥐고 있다. 침상의 아래로 제단이 있고 그 주변으로 가금류 세 마리와 말과 염소가 각각 한 마리씩 놓여 있는데, 아마도 화장할 때 희생물로 쓰기 위한 것으로 보인다. 애도하는 이들은 성인과 아이 모두 남성인데, 아마도 호메로스 시대 영웅들의 장례식 모습(장례경기?)을 재현한 것으로 여겨진다.[23] 특히 이 프로테시스의 장면 아래에는 있는 마차와 무장한 군인들의 행렬의 장면이 그러한 해석을 뒷받침한다.

아테네 국립고고학박물관에 소장되어 있는 한 도기는 여성들이 장례식에서 담당하였던 역할을 잘 드러낸다(도판3).[24] 이 도기는 루트로포로스

---

22 아티카식 흑화식 크라테르, 허슈펠드 공방(Hirschfeld Workshop), 높이 108cm, 기원전 750-735년, 뉴욕 메트로폴리탄 박물관(Metropolitan Museum of Art) 소장번호 14.130.14. 도판: https://www.metmuseum.org/art/collection/search/248904 (2022년 11월 15일 검색).

23 Homer, *Iliad*, 23.166-175.

24 아티카식 적화식 루트로포로스, 나폴리 RC132 화가(the Painter of Naples RC

(loutrophoros)라고 불리는 것으로, 결혼식에서 신부의 몸을 씻기는 정화
의례에 사용되던 특별한 용도의 도기이다. 하지만 이 도기는 종종 무덤
에 묘소 표지로 사용되기도 하였다. 결혼하지 않은 젊은 남성이나 여성이
이른 죽음을 맞이하였을 때, 그들이 아직 경험하지 못한 죽음과 결혼이라
는 두 사건을 대신하여 묘소 표지로 루트로포로스가 사용되었다.[25] 이 도
기의 몸통 부분에서 여성들은 손을 머리에 두어 슬픔을 드러내고, 고개
를 숙여 망자를 바라보거나 시신을 부여잡는다. 망자의 얼굴을 어루만지
는 손길은 먼 길을 떠나는 망자에게 마지막 인사를 하는 듯이 보인다. 여
기서 여럿의 여성들이 호곡을 통한 애도를 시각적으로 드러낸다. 마찬가
지로 같은 도기의 목 부분에도 통곡하는 여성들의 모습이 보인다. 화면의
가장 오른쪽에 호곡을 선창하는 여성이 있고, 그 맞은편에 루트로포로스
를 품에 안은 여성과 그녀를 따르는 여성 두 명이 손으로 애도의 몸짓을
표현한다.

　장례식에서의 애도는 과도하게 이루어지지 않도록 법적인 제재의 대상
이 되기도 하였다. 아테네에서 솔론이 제정하여 기원전 6세기에 시행된
장례에 관한 법률은 장례식에서 여성들이 몸을 잡아 뜯는 것을 막고, 직
업적으로 호곡하는 사람을 동원하는 것을 금지하였다.[26] 이것은 장례식의

---

132), 기원전 500-475년, 아테네 국립고고학박물관 소장번호 145. 도판 출처: M.
　　Giannopoulou, "Emotional Responses to Death and the Afterlife," in Angelos
　　Chaniotis, Nikos E Kaltsas et als.(eds.) *A World of Emotions: ancient Greece, 700 BC-
　　200 AD* (New York: Alexander S. Onassis Public Benefit Foundation), 236, cat. 115.

25　R. Rehm, *Marriage to Death: The Conflation of Wedding and Funeral Rituals in Greek
　　Tragedy* (Princeton: Princeton University Press, 1994), p.29.

26　Plutarch, *Solon,* 21, 9.

166 | 죽음의 시공간

규모가 과도하게 커지는 것을 막으려는 조치로 이해된다. 호곡에 대한 금지 사항과 더불어 부장품의 규모를 제한하는 내용을 담고 있기 때문이다.

장례식의 세 번째 날에는 해가 뜨기 전에 운구 행렬이 집에서 매장지까지 이어졌다. 시신을 운반하는 엑포라의 첫 번째 순서로 시신을 관으로 옮기는 순간이 한 도기화에 재현되어 있다(도판4).[27] 기원전 5세기 초에 아티카식으로 제작된 이 흑화식 도기의 표면에는 관으로 시신을 옮기는 순간의 슬픔과 숙연함이 그대로 담겨 있다. 관에 시신이 옮겨지는 순간은 다시는 망자의 얼굴을 볼 수 없게 된다는 상징성으로 유족과 친지들이 망자를 상실한 슬픔이 극에 달하게 된다. 이 도기에서는 한쌍의 남녀가 남성 망자를 관에 눕히고 있고, 그 주변으로 다양한 물품을 들고 서 있는 사람들과 앉아서 애도하는 사람, 슬픔에 겨워 망자를 향하는 여성과 그녀를 진정시키는 남성 등이 엑포라가 시작하는 순간에 벌어지는 다양한 장면을 묘사한다. 인물들의 주변에는 애도의 소리를 그대로 적은 명문이 망자를 상실한 유족과 지인들의 슬픔을 대신한다.[28]

운구는 말이나 노새가 끄는 영구차로 관을 옮겨서 이동하면서 이루어졌다. 애도자의 행렬도 그에 따라 움직였고, 아테네에서 운구 행렬은 케라메이코스(Kerameikos)와 같은 매장지로 이어졌다. 행렬은 남성들이 이

---

27 아티카식 흑화식 손잡이 암포라(bail amphora), 사포 화가(Sappho Painter), 높이 37cm, 기원전 500-475년, 브런즈윅(Brunswick), 보보든칼리지 미술관(Bowdoin College Museum of Art) 소장번호 1984.23. 도판: https://artmuseum.bowdoin.edu/objects-1/info/9432 (2022년 11월 15일 검색).

28 Attic Vase Inscriptions no. 2854, https://www.avi.unibas.ch/DB/searchform.html?ID=3002 (2022년 11월 15일 검색).

끌었고, 그 뒤로 여성들이 따르면서 차분하고 엄숙하게 진행되었다.[29]

장례의 마지막 절차인 매장의 순간은 도기화에서 거의 재현되지 않는다. 아테네에 있는 한 루트로포로스에는 드물게 매장의 장면과 무덤의 모습이 함께 재현되어 있다(도판6).[30] 이 도기의 몸통 부분에는 시신의 주변을 애도하는 사람들이 에워싸고 있는데 매장의 직전에 마지막으로 망자의 모습을 기억하려는 애도자들의 안타까움이 묻어난다. 같은 도기의 목 부분에는 봉분 형태의 무덤과 그 위에 묘소 표지로 세워진 루트로포로스의 모습이 재현되어 있다. 이 봉분은 도기의 몸통에 그려진 망자의 영원한 안식처로 보인다. 무덤에 망자가 안치되어 매장이 완료된 후에 망자의 집이나 가까운 친척의 집에서 연회로 장례식은 종료되었다.

유족과 지인들은 장례식이 끝난 후에도 세 번째 날과 아홉 번째 날에는 무덤을 찾아서 제물을 바쳤고, 공식적인 애도는 장례식 이후로 30일이 되는 날에 마무리되었다. 그리고 매해 기일에 묘지를 찾아 봉헌물이나 제주를 바치면서 고인을 기억하였다.[31] 아테네의 근교에서 출토된 한 레키토스(lekythos)에는 무덤을 찾아 고인을 기리는 장면이 재현되어 있다(도판 7).[32] 이 도기화의 중앙에 봉분 형태의 무덤이 보이고 그 위로 루트로포로

---

29   M. B. Moore, "Athens 803 and the Ekphora," *Antike Kunst* 50(2007), pp.9-10.

30   하지만 이 장면은 엑포라를 위한 장면으로도 이해될 수 있기에 매장의 순간이라고 단언하기는 어렵다. 아티카식 흑화식 루트로포로스, 기원전 500-490년, 아테네 고고학박물관 소장번호 A450. 도판: http://nam.culture.gr/portal/page/portal/deam/virtual_exhibitions/EAMV/EAMA450 (2022년 11월 15일 검색). 여기에는 명문으로 "여기 불쌍하고 쓸모없게 된 남편의 흔적이 누워 있다"라고 쓰여 있다.

31   Herodotus, *Histories*, 4,26; Plato, *Nomoi*, 717e.

32   아티카식 백지식 레키토스(lekythos), 피알레 화가(the Phiale Painter), 아나비소스(Anavyssos) 출토, 기원전 435-430년, 아테네 고고학박물관 소장번호 19335. 도판 출

스가 묘소 표지물로 세워져 있다. 봉분의 왼쪽에는 한 여성이 바닥에 무릎을 꿇은 채로 한쪽 팔을 들어 슬픔에 통곡하는 모습으로 그려져 있고, '트라사'(Thrassa)라고 명문을 통해서 트라키아 출신의 노예임을 밝히고 있다. 봉분의 반대편에서 그녀를 바라보는 여성은 품에 토끼를 안고 있는데, 봉분에 세워진 루트로포로스의 존재로 미루어 짐작할 수 있듯이 미혼의 상태에서 죽음을 맞은 무덤의 주인으로 보인다.

4. 장례 도상의 의미

죽음은 개인적일 수 있지만, 장례는 지극히 사회적이다. 앞서 언급하였듯이 아테네의 장례 문화는 법령으로 규정된 바 있다. 디필론 부근에서 출토된 암포라(도판1)와 크라테르(도판2)는 모두 1미터 이상의 기념비적인 크기의 묘소 표지물로 기원전 8세기에 제작된 것이다. '솔론의 법'이 시행되기 전에 아테네에 묘소 표지물이 대형화하는 양상이 그대로 반영된 사례들이다.[33] 이후의 사례들에서는 이와 같은 기념비적인 크기의 도기가 한동안 나타나지 않는다. 그것은 후에 비석이 그러한 기념비적인 묘소 표지의 자리를 대신하기 때문이다. 흥미로운 점은 도상의 주제의 측면에서

처: M. Giannopoulou, "Emotional Responses to Death and the Afterlife," in Angelos Chaniotis, Nikos E Kaltsas et als.(eds.) *A World of Emotions: ancient Greece, 700 BC-200 AD* (New York: Alexander S. Onassis Public Benefit Foundation), 237, cat.116.

33 아테네의 묘소 조형물의 변화상에 관해서는 김혜진, 「고대 아테네 미술 속 애도의 시각화」, 『서양고전학연구』 61, 2022, 36-37쪽을 참고할 것.

도기와 비석은 완전히 구분된다는 사실이다. 도기에서는 장례식의 장면이 그려진 것이 많이 발견되지만, 비석에서는 그렇지 않기 때문이다. 즉, 장례식과 관련된 도상은 도기에 집중된 측면이 있다.

도기에서 장례 도상은 어떠한 의미로 선택된 것일까? 장례 도상이 그려진 도기들은 묘소 표지나 부장품으로 사용되었다는 점에서 표면적으로 도상 주제와 도기의 쓰임새 사이에 연관성을 드러낸다. 마이크 파커 피어슨의 단행본 『죽음의 고고학』에서는 고고학적으로 남겨진 묘소와 조형물, 그 내부의 유물 등이 망자의 죽음보다는 그의 삶과 남은 그의 가족에 관한 정보를 제공한다고 주장한다.[34] 이 의견은 아티카에서 제작된 도기에도 유효하다. 도기가 출토된 무덤의 모든 고고학적 맥락을 고려하지 못하더라도, 장례 도상이 망자의 삶과 그의 남은 가족에 관한 정보를 제공한다는 점은 유효해 보인다. 일차적으로 장례 도상의 도기가 고인에 대한 유족과 지인의 사랑과 그리움, 안타까움 등의 감정적 요소를 반영한 것임은 인류 보편의 의미에서 당연하다. 하지만 도기화 속 장례의 장면은 사진처럼 실제로 벌어진 장례식의 한순간을 묘사한 것은 아니라는 점을 염두에 두자.[35]

프로테시스와 엑포라, 매장과 애도와 같은 장례의 다양한 순간이 묘소 표지의 주제로 선택된 것 역시 우연이 아닐 수 있다. '솔론의 법'으로 대변

---

34 마이크 파커 피어슨, 『죽음의 고고학』, 이희준 역, 사회평론 아카데미, 1999, 11쪽.

35 도기화를 고대 그리스인들의 실제 일상의 모습을 담은 '스냅숏'(snap shot)으로 간주하거나 보이는 그대로 해석해서는 안 된다는 점을 많은 도기화 연구자들이 지적한다. K. Topper, "Approaches to Reading Attic Vases," in S. L. James and S. Dillon (eds.), *A Companion to Women in the Ancient World* (Oxford: Wiley-Blackwell, 2012), pp.141-152.

되는 장례 문화에 대한 사회적인 관심은 망자의 죽음이 단순히 그의 죽음으로 마무리되는 것이 아니라, 남은 자들과 사회에 중요한 의미였음을 암시한다. 즉 이들 도기화의 장례 도상은 실제의 장례식이 어떻게 이루어졌는지를 보여주기보다, 망자의 장례가 적절한 장례의 절차에 맞춰 많은 이들의 애도 속에서 이루어졌다는 점을 의도적으로 드러내는 것이 목적인 것으로 보인다. 호메로스의 서사시와 소포클레스의 비극에서도 언급된 것처럼, 적절한 장례를 치르는 것은 망자를 위한 것이기도 했지만, 산 자들의 의무이기도 했다. 즉, 장례 도상이 담긴 도기화를 묘소 표지물이나 부장품으로 사용하는 것은 적절한 장례의 절차에 따라 많은 이들의 애도 속에서 그 무덤이 마련된 것임을 시각적으로 증명한다. 게다가 그것이 묘소 표지로 외부에서 잘 보이도록 세워진 것이라면, 그것은 망자보다는 산 자들의 의도를 더 효과적으로 드러내기 위한 선택일 가능성이 크다.

그리스인들은 성소와 같은 공공장소에서 신들에게 바치는 봉헌물에서도 신과 숭배자와의 거래를 봉헌 조각에 명문을 새김으로써 공론화하는 일이 잦았다.[36] 그것은 공동묘지에서도 다르지 않았다. 기원전 5세기 후반 그리스에서 공동묘지에서 대리석으로 제작된 기념비적 묘소 조형물은 가문의 위세와 명성을 직접적으로 드러낼 수 있는 수단이었다.[37] 그리고 이러한 현상은 앞선 시대의 장례 도상에 재현된 도기에서도 유효해 보인다. 하지만 기원전 7세기 이후부터 그리스에서 대리석의 사용이 확산

36 김혜진, 「초기 그리스 조각상과 금석문에 드러난 종교적 상호성: 서기전 7세기와 6세기의 델로스와 사모스의 봉헌조각을 중심으로」, 『서양고대사연구』 52, 2018, 145-175쪽.
37 조은정, 「아테네 장례 조형물에 재현된 현세의 기억」, 한국미술사교육학회, 『미술사학』 25, 2011, 269-301쪽.

하면서, 공동묘지에서 가문의 위세를 보이기에 더 효과적인 매체는 흙으로 빚은 도기보다는 대리석 조각이었다는 점을 주지해야 한다.[38] 그렇다면 기원전 7세기 이후에 도기에서 채택된 장례 도상은 그 이전 시대와 어떤 차이가 있는 것일까? 기본적으로는 이전 시대와 그 의미가 크게 다르지 않겠지만, 그것을 구매하여 묘소 조형물로 사용한 이들의 사회, 경제적 지위가 달랐을 것이라는 가설을 제기해 볼 수 있다. 즉, 기원전 7세기 이후에는 값비싼 대리석 묘소 조형물을 구매할 수 없는 이들이 전통적인 장례 도상의 주제가 그려진 도기를 소비하였을 수 있다. 이 가설을 확인하기 위해서는 장례 도상이 그려진 도기가 출토된 무덤 주인의 성별과 나이, 경제적 지위 등에 관한 자료의 면밀한 검토가 필요한데, 이를 위해서는 후속 연구가 필요하겠다.

5. 결론

본 연구에서는 문헌에서 죽음과 장례에 관해 고찰하고, 아테네의 도기화 속 장례 도상을 중심으로 장례의 절차와 의미를 살펴보았다. 시신의 수습과 장례가 망자와 산 자에게 모두 필요한 의례였다는 점은 문헌에서 잘 드러난다. 장례의 구체적인 모습은 아티카식 도기에서 장례식의 장면을 재현한 도기화에서 확인된다. 장례는 프로테시스와 엑포라, 매장으로

---

38   김혜진, 「초기 고대 그리스 조각에서 대리석의 (재)발견과 '엘리트적 취향'의 기원」, 『미술이론과 현장』 33, 2022, 5-27쪽.

이루어졌는데, 모든 장례의 장면에는 시신이나 무덤의 주변에 애도하는 사람들의 모습이 함께 재현된다. 무덤에 세워진 묘소 표지를 장식한 장례 도상은 유족과 지인들의 애도를 받으며 망자가 영원한 안식을 얻는다는 메시지를 전하는 동시에, 고인의 장례가 적절한 장례의 절차에 따라서 이루어진 것임을 전하는 역할을 하였다.

현세적인 고대 그리스인들에게 죽음은 당사자에게 종결 그 자체를 의미하였지만, 장례는 산 자들에게 사회적 의미를 부여했다. 그에 따라서 장례 도상이 그려진 아티카식 도기화는 사회적 맥락에서 이해될 수 있다. 성소와 같은 공공장소에서 그랬듯이 공동묘지에서도 조형물을 세우는 주체의 사회적 위신과 명예가 고려되어야 했다. 따라서 장례는 망자의 시신과 그의 삶의 흔적을 돌보는 일과 산 자들의 위신과 명성을 함께 돌보는 일이 될 수밖에 없었다. 고대 아테네에서 기원전 6세기경에 '솔론의 법'과 기원전 4세기 말의 '사치금지법' 등과 같은 장례와 묘소 조형물에 관한 법령의 존재는 아테네에서 장례 문화가 민감한 사회적 문제로 지속하였다는 점을 방증한다.[39]

---

39 '사치금지법'에 관해서는 김혜진, 「팔레론의 데메트리오스 집권기(기원전 317-307년)의 아테네의 조형물 연구」, 『서양미술사학회 논문집』 50, 2019, 83-102쪽을 참고할 것.

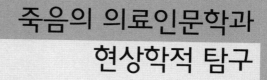

죽음의 의료인문학과
현상학적 탐구

최우석 (경희대학교 HK+통합의료인문학연구단 HK연구교수)

1. 현상학이란 무엇인가?

이 글에서는 현상학(Phenomenology)을 창시한 후설(E. Husserl)의 현상학적 방법에 따라 '죽음'을 이해하고자 한다. 그런 다음 현상학으로 이해된 죽음으로 우리의 의료 현실을 들여다볼 때 어떤 의미를 산출할 수 있을지를 가늠하고자 한다. 우리에게 나타나는 사태를 있는 그대로 확인하고 그 의미를 탐구하는 현상학은 죽음이라는 사태를 이해하는 데 도움을 줄 것이다.

사실, 후설은 현상학적으로 죽음을 구체적으로 논의하지 않았다. 그런데도 우리는 죽음의 정체를 해명하는 데에 그의 현상학적 탐구 방법을 적용하여 논할 수 있다. 왜냐하면 후설의 현상학적 연구 방법은 근본적으로 '지향적 체험'(intentional experience)의 본질 구조뿐만 아니라 '소여된 대상'(given objects)에 대한 지향 체험의 의미를 해명하는 것이기 때문이다. 지향적 체험의 본질 구조를 살핀다는 뜻은 우리가 죽음을 생각하거나 누군가의 죽음을 체험했을 때 그와 같은 체험의 본질이 무엇인가를 들여다본다는 말이며, 소여된 대상에 대한 지향 체험의 의미란 우리에게 주어진 죽음이라는 체험의 의미가 무엇인지를 확인한다는 뜻이다. 우리는 죽음을 의식적으로 지향하며 하나의 대상으로서 관찰할 수 있다. 물론 죽음은 우리가 직접적으로 체험할 수 없다. 왜냐하면 살아 있는 동안 죽음을 맞이하면 그것으로 삶이 끝나기에 어떤 체험인지를 전해줄 방도가 없기 때문이다. 하지만 내가 아닌 다른 누군가의 죽음을 통해 죽음은 우리에게 소여된 대상으로서 지향되며, 간접적으로 체험된다는 측면에서 현상학적 연구 방법의 대상으로 수립된다.

죽음을 현상학적 탐구 방법으로 살피기에 앞서 우선으로 강조할 점은 현상학적 탐구 방법이 경험, 관찰에 입각한 과학적 이해를 거부하지 않는다는 사실이다. 현상학에서 자연과학적 이해는 '자연주의적 태도'로 간주되는데, 자연주의적 태도란 탐구 대상이 주체와 관계없이 대상 그 자체로 이해될 수 있다고 보는 태도를 뜻한다. 현상학에서 자연주의적 탐구 방식은 대상을 단순하게 양적 혹은 생물학적으로 일반화하여 이해하는 태도이다. "순진한"(naive) 이해 방식인 이와 같은 태도를 후설은 "이념의 자연화"[1]라고 혹은 "자연적 태도 속에 있는 것(in the natural attitude)"[2]이라고 명한다. 자연주의적 이해는 대상을 소박하게 바라보는 태도임에도 불구하고 이러한 관점이 진정한 객관성을 담보하는 것으로 간주되는 사태에 대해 후설은 비판적인 입장을 내세운다.

다시 한 번 더 강조한다면, 후설의 현상학적 방법이 자연주의적 이해 방식을 부정하는 방식이라고 오해해서는 안 된다. 후설은 "귀납적으로 구성

---

1 Husserl 1965, p.80.
2 Husserl 1983, p.54.

된 자연"은 사실의 세계로서 "인과적 원리"(causality)[3]에 따라 확인될 수 있는 세계라고 설명하며 객관적 탐구 방법도 세계를 이해하는 하나의 태도이자 방법임을 강조한다. 자연과학은 세계, 즉 나에게 주어진 대상들을 이해하는 하나의 방식이다. 하나의 사실로서 자연 세계를 관찰하는 "현상학자는 언제든 자연주의적 태도로 돌아가는 방식을 취할 수 있다."[4] 다만 현상학은 자연과학적 방법만이 대상을 이해하는 유일한 혹은 온전한 탐구 방법이라고 보지 않는다. 왜냐하면 자연주의적 태도는 우리에게 주어진 사태를 있는 그 자체로 보지 못하는 소박한 태도이기 때문이다. 단순히 양화 혹은 일반화해서 대상을 이해하는 처사는 대상의 풍부한 의미를 간과하기 쉽다. 이와 같은 단점을 극복하는 현상학은 주체와의 지향적 관계 속에서 사태가 갖는 풍성한 의미들을 드러내는 학문이다.

후설은 어떤 대상을 이해할 때 자신이 아버지의 관점에서 그 대상을 볼 수 있지만, 유럽인의 관점에서 혹은 학자의 관점에서도 이해할 수 있다는 점을 거론하며 대상을 관찰하는 태도가 자유롭게 변경될 수 있다고 본다. 탐구하는 대상을 있는 그대로 이해할 때 탐구하는 주관이 어떤 태도를 지니는가에 따라 사태는 다르게 체험될 수 있다. 다시 말해 같은 대상도 어떤 태도를 지니는가에 따라 다양한 방식으로 연구될 수 있다. 이런 점에서 주체가 대상 및 세계를 대하는 방식인 '태도'(attitude)는 현상학적 탐구 방법의 핵심이라고 볼 수 있다. 이제우리는 죽음을 자연주의적 태도가 아닌 현상학적 태도 속에서 살펴볼 수 있다는 점을 확인한 셈이다.

---

3   Husserl 2013, p.360.
4   Husserl 1970, p.210.

2. 현상학적으로 이해하는 죽음

주체는 자연적 태도 속에서 죽음을 이해할 수 있지만, 자연적 태도로부터 현상학적 태도로 변경함으로써 죽음의 새로운 면모들을 들춰낼 수 있다. 죽음은 모든 기관과 조직의 죽음, 생명 징후의 상실만으로 정의될 수 없다. 저마다에게 지향된 죽음의 사태가 무엇이며 그것을 바라보는 태도가 무엇이냐에 따라 체험은 다르게 정의될 수 있는 것이다.

죽음을 이해하는 주체의 태도에 따라 죽음의 의미가 "다르게 생각될 수 있는[5] 사실은 죽음의 현상이 다양한 의미로 드러난다는 말과 다르지 않다. 다양한 주체의 태도에 따라 다양한 죽음의 의미가 발견될 수 있는 만큼 죽음에 관한 현상학적 이해는 죽음 현상 자체로부터 발견되는 다양한 '질적 의미'에 주목한다. 그리고 이로부터 더 나아가 현상학적 탐구는 체험들로부터 드러나는 죽음의 질적 의미에 관한 본질이 무엇인지를 해명하는 데에 힘쓴다.

현상학적으로 죽음을 이해하기에 앞서 현상학적 탐구 방법을 우선하여 살피지 않을 수 없는데, 현상학적 탐구 방법은 주관의 "생생한 체험"(lived experience)에서 시작된다. 왜냐하면 체험하는 주체가 생생하게 체험한 것이야말로 확실한 것이기 때문이다. 확실성(certainty)은 생생하게 확인되는 것으로부터 출현한다. 모든 것을 의심해도 의심할 수 없는 가장 확실한 것이 바로 대상을 직접적으로 체험하는 주관의 생생한 체험이다. 그러므로 현상학에서 일인칭 주관의 생생한 지향적 체험은 현상을 이해하는 근

---

5   Husserl 2013, p.363.

본적인 바탕이다.

생생한 체험으로부터 후설은 현상학적 탐구를 구성하는 핵심적인 방법으로서 다음의 세 가지를 제시하는데, 첫째는 '판단중지'(epoché, ἐποχή)이며, 둘째는 '본질직관'(essential intuition)이며, 셋째는 '초월론적 현상학적 환원'(transcendental phenomenological reduction)이다.[6] 후설의 현상학은 철학적 '반성'(reflection)으로서 이와 같은 방법을 가지고 대상을 이해하는데, 죽음에 관한 현상학적 탐구 방법은 이러한 시도 속에서 의미의 지평을 넓힌다.

현상학적 탐구 방법에서 첫 번째로 거론된 판단중지를 살펴보자. 판단중지란 체험되는 '사태 그 자체'(thing-itself)를 있는 그대로 어떤 편견이나 전제없이 생생하게 드러내려는 태도를 뜻한다. 여기서 주의해야 할 점은 판단중지가 순수한 무전제의 사태 이해로 간주되어서는 안 된다는 사실이다. 우리는 특정한 시간과 공간 속에서 특정한 문화를 습득한 채, 특정한 언어를 사용하는 유한한 인간이라는 점에서 아무런 편견 없이 순수하게 대상을 이해하기 어렵다. 가령, 우리는 각자의 삶 속에서 저마다 수동적으로든 능동적으로든 습득하고 쌓아 온 관습을 가지고 있다. 후설은 이를 '습관성'(habituality)이라고 불렀는데, 이와 같은 습관성은 과거로부터 축적된 습득물들이 대상을 이해할 때 혹은 앞으로 일어날 사태를 예상할 때 영향을 주는 "숨겨진 지향성"[7]으로서 역할을 한다. 예를 들면, 한국인에게 '김

---

6 Moustakas 1994, p.33; 자하비Zahavi가 잘 지적하고 있듯(Zahavi, 2020, 4), 현상학적 탐구는 객관과 상관없는 혹은 주관과 상관 없는 대상의 본질 구조를 드러내는 게 아니다. 소여된 대상(given object)과 주관의 지향적 상관관계(intentional correlation)를 살피고 그로부터 확인되는 상관성의(interrelations) 본질을 규명하는 것이 후설의 현상학적 탐구의 핵심이다.

7 Husserl 1966, p.326.

치'라는 단어는 직관적으로 순수한 대상 그 자체로 이해되지 않는다. 그렇다면 현상학에서 강조하는 탐구 방법으로서 판단중지란 무엇인가?

탐구하는 주체에게 요구되는 판단중지란 "태도의 변경"(change of attitude)[8]을 뜻한다. 후설은 살아생전 당시 자연주의(지향성과 무관한 객관주의)와 심리학주의(지향적 대상과 무관한 주관주의)를 비판하며 엄밀한 학의 출발점으로서 현상학을 내세우는데, 그에 따르면 주관과 아무런 관계없이 삼인칭의 시점만으로 혹은 대상과 무관하게 일인칭의 시점만으로 탐구 대상이 확인될 수 있다고 보는 태도를 바꿔야 한다. 그와 같은 태도 변경은 당대의 실증적 자연주의(객관주의)와 심리학주의(주관주의)를 극복하는 방법으로서 제시된 것이다. 태도 변경이 지향하는 것은 객관주의 혹은 주관주의라는 이분법적 구분에 따르지 않는 것이다. 이로부터 현상학적 탐구가 제시하는 탐구 방법은 '지향성'(intentionality)을 의식의 근본적 특성으로 간주하며 의식 주관이 근원적으로 대상과 연관되어 있다는 점을 '공리'(axiom)로 두는 것이다.

현상학적 탐구에서 지향성을 띠는 대상의식을 '지향적 체험' 혹은 '작용'(act)이라고 부르는데, 현상학적 탐구는 일차적으로 핵심 개념인 지향적 작용을 통해 구현된다. 쉽게 말해, 대상을 이해하는 시도는 결코 주관과 동떨어져 행해질 수 없다. 탐구 대상인 객체는 탐구자와 무관한 것으로 간주되지 않는다. 지향성은 현상학적 탐구를 원천적으로 구성하는 것이기에 현상학에서 객관은 언제나 주관과 관계 맺는 객관이다. 이에 따라

---

8 Husserl 1977, p. 122.

후설은 자명하다고 여기던 실증적인 객관주의의 태도를 "판단중지"[9]해야 한다고, 즉 다른 태도로 변경해야 한다고 본다. 그렇다고 이와 같은 태도가 우리의 주관적 심리 혹은 생각에서만 대상이 만난다고 오해되어서는 안 된다. 대상의 실재성을 부인한 채 마음의 심적 작용만으로 사태를 온전하게 이해할 수 있다고 보았던 심리학적 태도에 대해서도 판단중지가 요구된다. 태도 변경은 자연주의적 태도 혹은 심리주의적 태도를 조건 없이 수용하지 않고 이에 대한 믿음과 확신에 괄호를 쳐보자는 것이다.

괄호를 친 이후에 우리가 취할 수 있는 하나의 방법은 앞서 강조한 현상학적 방법이다. '지향적 작용'(intended act)을 핵심 개념으로 두는 현상학적 방법은 대상이란 언제나 주관을 배제한 채 이해될 수 없으며 동시에 주관 역시 지향적 대상을 배제한 채 이해될 수 없다고 보는 것이다. 판단중지 후 현상학적 방법으로 대상을 살필 때 지향적으로 체험된 대상은 다양한 양상으로 그 의미를 드러낸다. 현상학적 탐구 방법은 체험되는 사태의 다양한 양상들을 생생하게 드러내고자 한다는 점에서 자연주의의 제한적 이해 방식보다, 혹은 주관주의로부터 논의되는 협소한 내재주의보다 외연이 더 확장된 사태의 면모들을 드러낸다. 체험된 사태의 다양한 양상들에 주목하는 현상학적 이해는 지향적으로 체험된 사태의 다양한 양상들의 본질적인 의미를 해명하는 데에 주목한다. 현상학적 이해는 죽음에 대한 상이한 양상들과 그러한 양상들로부터 고려될 수 있는 죽음의 본질적 의미를 개시한다.

다시 판단중지로 돌아와서 현상학적 탐구 방법을 조금 더 살펴보자. 태

---

9   Husserl 1999b, p.23.

도를 변경한 "현상학적 탐구는 주체의 체험으로부터 나타나는 현상을 검토하는 것에서 시작된다."[10] 체험은 현상학적 분석의 기초를 이루는 것인데, 지향적 관계 속에서의 주체의 체험은 체험된 대상의 '의미와 타당성'을 이해하는 근본적인 출발점이다. 앞서 강조했듯, 현상학적 탐구 방법에서 "직접적인 체험이야말로 대상들이 우리에 대해 존재함을 근원적으로 건설하는 것"[11]이다. 대상들을 근원적으로 살피는 일은 체험하는 주체의 의식에 대한 대상의 의미를 탐색하는 작업이다.

지향적 작용에 따라 체험을 탐구하는 현상학은 양으로 환원되지 않는 주관의 체험으로부터 드러나는 "질"(quality)[12]에 주목한다. 현상학적 탐구에서 질이란 양으로 환원되지 않는 체험의 사태를 구성하는 의미이다. 우리가 체험하는 사태들은 가령 수리 경제, 보험설계, 실험심리학 등과 같은 양적인 방식으로 분석될 수 있지만, 현상학적 질적 탐구는 이와 같은 탐구만으로 충족될 수 없는, 즉 양적으로 환원될 수 없는 체험된 대상의 다양한 질적인 의미들에 주목한다.

대상을 향한 태도에 따라 주체의 체험은 체험되는 대상의 다양한 질을 드러낼 수 있다. 현상학적 질적 체험 탐구는 그와 같이 드러난 다양한 질적 의미에 관심을 둔다. 똑같은 대상에 대해서도 질적 체험은 다를 수 있

---

10 Waksler 2001, p.68.
11 Husserl 1969, p.164.
12 자연적 대상은 양적으로 이해될 수 있지만, 질적으로도 이해될 수 있는 만큼 정신적 대상도 양적으로 분석될 수 있으면서도 질적으로 분석될 수 있다. 이와 같은 질적 탐구를 현상학적으로 이해하는 시도가 현상학적 질적 체험 연구인데, 현상학적 질적 체험 연구와 관련해서는 다음의 연구자들을 참조할 것: Amadeo Giorgi, Max van Manen, A, Van Kaam, Jonathan Smith, P.F.Colaizzi.

다. 죽음의 지향적 체험은 다양한 질적 의미를 지니며 그러한 의미에 따른 다양한 정체를 가지고 있다. 예를 들어 누군가에게 코로나바이러스 (COVID-19)로 인한 타인의 죽음은 슬픔과 비통함으로 체험될 수 있지만, 누군가에게는 연구의 대상으로 체험될 수 있으며, 또 다른 누군가에게는 뉴스 보도에서 거론되는 단순한 숫자로 체험될 수 있다. 지향적 작용에 따라 주체는 저마다의 지평 속에서 상이한 '습관성'에 따라 죽음을 체험한다. 말기 암 환자에게 죽음은 두려운 것, 혹은 예사로 여길 수 없는 중대한 사건이겠지만 수많은 말기 암 환자를 상대해 온 의사에게 환자의 죽음은 고치지 못할 질병의 결말이자, 피할 수 없는 사건, 혹은 임상적 범주 속에서 확인해야 할 "하나의 사례"[13]로 체험될 수 있다. 같은 사람의 죽음이 어떤 태도로 보느냐에 따라 다르게 체험되며 그 의미가 상이하게 드러날 수 있는 게 곧 죽음이다. 그러한 점에서 죽음은 결코 단순하게 생명을 지닌 유기체의 종말로만 이해되지 않는다. 통계 수치, 신체나 세포의 소멸로만 죽음을 이해하는 것은 양화되지 않는 다양한 죽음의 질적인 의미들을 간과하는 것이다.

다만, 죽음의 체험에 관해 현상학적 방법에서 주목해야 할 점은 죽음은 직접적으로 체험할 수는 없는 사태라는 것이다. 죽음은 타인이 대신할 수 없는 개별적 인간의 고유한 사건, 즉 지극히 개인적인 사건이다. 내가 살아 있는 동안 나는 아직 죽지 않았고, 내가 죽은 후에 나는 이미 존재하지 않는다. 그러므로 죽음은 내가 경험할 수도 알 수도 없는 것이다. 또한 죽음이 임박한 임종에 처한 사람이라고 해도 죽음을 완전하게 체험하는 것

---

13   Toombs 1987, p.223.

은 아니다. 나의 삶을 타인이 대신 살아줄 수 없듯, 나의 죽음도 타인이 대신할 수 없다. 그렇기에 다양한 질적 체험을 중시하는 현상학적 탐구 방법에서 죽음은 그 자체로 나에게 생생하게 체험되지 않는다. 왜냐하면 '나'의 죽음의 체험 사태를 생생하게 전해줄 '나'는 죽음 이후에는 존재하지 않기 때문이다. 죽음은 언제나 타자의 죽음에 대한 지향적 체험이지 결코 나의 죽음에 대한 생생한 체험이라고 볼 수 없다. '나의 죽음의 체험'을 직접적으로 체험할 주체란 그 어느 곳에서도 발견될 수 없기에, 일인칭 주체의 죽음은 나로부터 생생하게 전달될 수 있는 삶의 사건이 아니다.

3. 죽음을 이해하는 네 가지 현상학적 탐구 방법

죽음은 지향적으로 작용하는 주체로부터 생생하게 체험되지 못하는 사태라는 점에서 죽음의 본질 규명은 열려 있는 상태로 수립될 수밖에 없다. 죽음 그 자체를 생생하게 체험할 수 없다는 측면에서 현상학적 탐구 방법에서 죽음의 연구는 타인의 죽음으로부터 체험되는 죽음을 다룰 수밖에 없다. 한마디로 죽음의 체험은 생생한 주체의 직접적인 체험이 아닌 타자의 죽음으로부터 지향되는 혹은 주체가 짐작으로써 예상해볼 수 있는 간접적 체험이다. 직접적으로 나의 생생한 죽음을 체험할 수 없다고 해서 죽음이 우리에게 아무것도 아니라고 혹은 죽음이 나와 상관없다고 볼 수 없다. 우리는 타인의 죽음을 통해 죽음의 현상을 지향적으로 체험한다. 비록 간접적인 지향적 체험이지만, 타인의 죽음은 그것을 체험하는 주체에게 지향된 현상으로서 영향을 끼친다. 우리는 타인의 죽음을 마치

나의 죽음인 것처럼 생생하게 연상할 수 있고, 두려워할 수도 있다. 그런 점에서 죽음은 간접적 체험이라고 해도 직접적인 체험이 될 수도 있다.

체험이 바라보는 관점에 따라 다양한 방식으로 이해될 수 있듯, 생생한 경험으로부터 확인되는 죽음의 질적 의미는 신체적 조건뿐만 아니라 시대, 세대, 지역, 문화, 인종, 성별, 종교 등에 따라 다양하게 드러날 수 있다. 현상학적 체험 연구는 이와 같은 상이한 체험의 질적 의미를 살피고 이로부터 확인되는 본질적인 의미를 드러낸다. 현상학적 탐구는 체험의 내용을 단순히 기술하고 나열하는 데에서 끝나지 않는다. 이쯤에서 우리는 현상학적 탐구의 두 번째 방법으로서 '본질직관'을 이야기할 수 있는데, 현상학적 탐구란 다양하게 드러나는 질적 의미들을 기술하고 나열해봄으로써 그로부터 파악될 수 있는 본질적 의미를 직관하는 연구이다. 다양한 체험의 질적 의미를 확인한다는 측면에서 툼스는 현상학적 체험 탐구야말로 죽음을 이해하는 "효율적인" 그리고 "중요한 실천적 의미"[14]를 선사한다고 주장한다.

현상학적 탐구 방법은 체험으로부터 드러난 다양한 질적 의미를 나열하고 그로부터 도출되는 본질을 확인하는 연구이다. 그런 점에서 현상학적 질적 체험 연구는 체험의 내용을 기술하는 데에 중점을 두는 '기술적 현상학적 체험 연구'(Descriptive Phenomenological Experience Research)와 이로부터 더 나아가 본질직관이라는 방법을 통해 기술된 사태들로부터 대상의 본질을 규명하는 탐구 방법으로서 '본질적 현상학적 체험 연구'(Essential Phenomenological Experience Research)로 구성된다. 본질 파악은

---

14   Toombs 2001, p.248.

체험된 죽음에 관한 인간의 이해를 심화시킨다는 점에서 의의가 있다. 왜냐하면 본질 탐구는 체험을 단순하게 나열하는 것으로 끝내지 않고 그로부터 확인되는 중심적인 의의를 산출하기 때문이다. 달리 말해, 현상학적 연구는 체험의 형상적 접근을 내세움으로써 상대주의로 머무를 수 있는 한계를 극복한다.

현상학의 본질직관은 아무런 맥락 없이 갑자기 실현되는 것이 아니다. 본질을 통찰하는 것은 체험의 현상을 기술하고 기술된 내용으로부터 환원을 시도하는 것이다. 현상학에서 강조하는 본질이란 "어떤 대상들을 바로 그러한 의미를 지닌 대상들로 존재할 수 있도록 해주는 무엇"이다. 후설은 태도 변경 속에서 직관을 통해 본질 또는 "형상"(eidos)[15]을 파악할 수 있다고 주장한다.[16] 본질직관이란 본질을 구현하고 있는 대상에서 출발하여 '자유변경'(free variations)이라는 상상 속에서 대상의 다양한 모습들을 살피며 그로부터 드러나는 통일된 속성을 파악하는 것이다. 체험을 이루는 다양한 요소들을 살피고, 이로부터 확인되는 지속된 일치 속에서 공통의 요소를 통일적으로 연결하는 과정으로부터 후설은 체험의 본질을 "파악할 수 있다"[17]고 본다.

현상학적 탐구 방법은 본질직관을 통해 체험된 대상의 본질을 드러내는 데에 그치지 않는다. 현상학적 탐구 방법은 체험된 대상의 형상적 통찰이 어떻게 구성되는지를 더 파고드는 작업이다. 대상과 그 대상의 체험

---

15   Husserl 1977, p.64.
16   후설의 본질직관의 절차와 관련해서는 (Husserl, 1977)의 53쪽 이하를 참조할 것.
17   Moustakas 1994, p.35.

의 본질을 '되물어감으로써'(inquire back) 체험의 본질을 이루는 구성의 바탕이 무엇인지를 '더 많이 생각한다'(more thinking). 이로부터 우리는 후설의 세 번째 현상학적 탐구 방법인 '초월론적 현상학적 환원'을 고려할 수 있다. 후설 현상학에서 '초월론적'이란 말은 사태를 구성하고 경험할 수 있게 하는 근원적 요소가 무엇인지를 확인하는 것을 뜻한다. 체험의 사태를 초월론적으로 탐구한다는 말은 체험을 이루는 구성 요소가 무엇인지를 '더 많이 생각하고 되물어감으로써' 확인한다는 뜻이다. 그러니까 체험의 의미들을 기술한 후, 다양하게 기술된 사태들의 일반자가 무엇인지를 파악하는 일과 함께 그와 같은 체험을 가능하게 하는 근원적 조건들을 탐색하는 게 초월론적 현상학적 탐구이다.

체험을 이루는 구성의 근원적 토대를 현상학적 태도로부터 확인하는 '초월론적 현상학적 체험 연구'(experience research as transcendental phenomenology)는 자연과학적 태도와는 달리 일상의 질적 체험을 수용하는 '생활세계'(life-world) 속에서 확인되는 의식의 다양한 생생한 체험의 근원적 요인들을 판명하는 작업이다. 의식으로부터 주어진 대상 및 세계 구성의 가능성을 근원적으로 파악하는 현상학적 태도로서 초월론적 현상학적 탐구는 그와 같은 의식 체험의 가능성과 조건들을 살핀다. 이에 따라 현상학적 탐구는 다음과 같은 탐구 방법들을 갖는다.[18] 첫째, 체험된 사태를 기술적으로 나열하는 '사실적 현상학적 심리학적 체험 연구'(Descriptive Experience Research as Phenomenological Psychology(DERPP)), 둘째, 그와 같이 기술된 사태의 일반자를 도출하는 '본질적 현상학적 심리학적 체험 연

---

18 이와 관련된 자세한 논의는 이남인의 『현상학과 질적 연구』, 한길사, 2014를 참조할 것.

구'(Essential Experience Research as Phenomenological Psychology(EERPP)), 셋째, 도출된 다양한 사태를 이루는 구성적 요소를 초월론적으로 확인하는 '사실적 초월론적 현상학적 체험 연구'(Descriptive Experience Research as Transcendental Phenomenology(DERTP)), 넷째, 다양하게 확보된 초월론적 요소들을 본질직관 함으로써 초월론적 요소들의 근원적 구성을 확증하는 '본질적 초월론적 현상학적 체험 연구'(Essential Experience Research as Transcendental Phenomenology(EERTP))이다.

상술한 네 가지의 현상학적 체험 연구 방법의 이해를 위해 '죽음'을 사례로 다시 살펴보자. 이와 같은 탐구 방법은 죽음을 이해하는 우리의 지평을 더 넓힐 것으로 예측된다. 죽음은 생물의 생명이 없어지는 현상으로서 맥박이나 호흡의 정지, 사후 경직, 혹은 부패 악취 나는 시신의 부식으로 단정을 지음으로써 손쉽게 이해될 수 있다. 다만 앞서 살폈듯, 이는 죽음의 체험을 이해하는 하나의 관점이다. 죽음을 좀 더 심층적으로 이해하기 위해 현상학적 탐구 방법을 적용해 본다면, 우선 사실적 현상학적 심리학적 체험 연구(DERPP) 속에서 죽음에 관한 다양한 체험을 '나열'할 수 있다. 예를 들면 통상적으로 죽음은 슬픔, 비통, 회피, 끔찍함, 안타까움, 후회 등으로 체험된다. 하지만 죽음의 체험은 체험하는 주체의 태도에 따라 상이하게도 체험될 수 있다. 누군가에게 죽음은 반드시 이루어져야 할 것으로 체험될 수 있으며, 극복해야 할 과제이자, 도전으로 혹은 또 다른 누군가에게는 즐거움으로 체험될 수 있다.

우리는 의식의 사실로서 다양한 지향적 체험을 기술함으로써 본질직관을 통해 나열된 체험의 '일반자'(generals)를 규명할 수 있다(EERPP). 예를 들면, 죽음은 슬픔, 후회, 안타까움 등을 동반하는 것으로서 행복하지 않은 사태, 즉 '불행한 일'로 혹은 전쟁을 수행하는 군인에게 적군의 죽음은 최종적으로 수행되어야 할 '목적'으로 규명될 수 있다. 덧없는 육신을 버리고 영원한 세계로 간다고 믿는 사람에게 죽음은 지향되어야 할 체험으로서 유한한 인간이 영원한 안식의 세계에 도달하기 위한 과정으로 간주된다. 이와는 다르게 전염병을 막을 치료제혹은 면역물질을 개발해야 할 사람에게 타인의 죽음은 연구의 참고사항, 하나의 사례가 됨으로써 '도움' 혹은 '필요'로 정의될 수 있다. 결국, 우리는 다양한 태도 속에서 다양한 죽음 체험을 나열하고 그에 상응하는 상이한 죽음 체험의 일반자를 추론할 수 있다.

'슬픔, 후회, 안타까움, 비통함, 도전, 과제' 등의 다양한 죽음 체험을 이루는 구성 요소에 대해서도 우리는 더 많이 사념하고 되물어 감으로써 체험의 구성 요소들을 초월론적으로 기술할 수 있다(DERTP). 예를 들어 슬픔과 후회, 회피 등을 체험하게 하는 초월론적 조건으로서 '노화', '질병', '사고' 등을 생각해볼 수 있는데, 왜냐하면 통상적으로 죽음으로 체험되는 불행한 감정들은 죽음에 이르게 한 원인으로부터 기인하기 때문이다. 군인들이 적군이든 아군이든 타인의 죽음을 체험하게 되는 원인은 전쟁이라고 할 수 있으며, 소크라테스가 자발적으로 독배를 마셔 죽은 것은 그가 품고 있던 철학적 신념 때문이다. 그러므로 체험을 가능하게 하는 초월론적 조건들은 체험하는 주관의 문화, 식습관, 경제적 조건, 세대, 성별, 종교 등에서 다양하게 발견될 수 있다.

끝으로 초월론적 구성으로 드러나는 다양한 사례들을 본질직관함으로써 대상의 근원적인 '초월론적 본질'을 환원해볼 수 있다(EERTP). 예를 들면, 죽음 체험을 가능하게 하는 초월론적 본질은 통상적으로 '상실'이라고 정의될 수 있다. 죽음의 체험이 일어나는 근원적 조건으로서 우리는 인간의 '유한성' 혹은 '취약성'을 떠올릴 수 있으며, 그 반대로 '영원함' 혹은 '무한성'으로도 생각해볼 수 있다. 우리는 초월론적 조건들에 대해 좀 더 사념함으로써 환원을 통해 궁극적인 초월론적 본질들을 통찰할 수 있다.

주의해야 할 것은 현상학적 방법으로 도모된 주체의 죽음 체험의 본질 규정은 세계를 이해하고 구성하는 조건으로써 판단되어야 하기에 "투명"(transparency)[19]하게 검증받아야 한다는 사실이다. 즉 일인칭의 지향된 체험은 아무렇게나 제시되는 게 아니라 언제나 삼인칭과의 관계 속에서 고려되어야 한다. 주체의 죽음 체험이 생활세계에서 통용되기 위해서는 기술되고 파악된 체험이 투명하게 검증되어야 하는 것이다. 이때 검증된 죽음 이해는 많은 사람으로부터 수긍되고 공유될 수 있는 개념으로 간주할 수 있으나 그렇지 못한 '예외적'(anomaly) 사례로도 이해될 수 있다. 왜냐하면 체험의 다양성으로부터 본질을 포착하는 작업인 만큼 우리가 쉽게 공유하지 못할 현상학적 체험 규정도 있을 수 있기 때문이다.

소여된 대상의 지향적 체험이 강조되는 현상학적 탐구는 이와 같은 예외적 이해들을 배척하지 않는다. 오히려 다양한 체험들, 즉 예외적 사례들은 "질적 다양성"(qualitative variation)[20]을 지시하는 것으로 판단된다. 예외적 혹은 변칙적인 체험은 대상을 이해하는 기존의 통상적인 이해를 더 확장하고, "새로운 규범적 이해의 가능성"[21]을 창조하는 것으로 볼 수 있

---

19   Crowell 2013, p.89.
20   Steinbock 1995, p.245.
21   Steinbock 1995, p.245.

다. 그러니까 환원을 통해 이해된 대상의 본질은 대상을 이해하고 공유할 수 있는 하나의 "최상의"(optimal)[22] 결과이기도 하지만 이 결과는 언제나 수정 가능하며 바뀔 수도 있다. 예외적 체험은 쉽게 통용될 수 없는 체험으로서 주목을 받지 못하거나 배척되기에 십상이지만, 현상학적 이해에서는 이와 같은 체험을 배척하지 않고 새로운 이해를 창조할 수 있게 하는 잠재적 요소로 간주한다. 환원을 통한 초월론적 구성의 본질을 통찰하는 게 현상학적 탐구 방법이지만, 체험의 다양성을 수용하며 이를 통한 탐구 대상의 이해 지평을 확장하는 게 현상학적 탐구 방법이기도 하다. 지금까지 논의한 현상학적 질적 체험 탐구의 방법을 간단하게 정리하면 아래의 〈표〉의 내용과 같다.

현상학적 체험 연구				
	현상학적 심리학적 체험 연구		초월론적 현상학적 체험 연구	
분류	사실적 현상학적 심리학적 체험 연구	본질적 현상학적 심리학적 체험 연구	사실적 초월론적 현상학적 체험 연구	본질적 초월론적 현상학적 체험 연구
방법	다양한 지향적 체험의 나열	지향적 체험에 관한 본질직관	초월론적 구성의 나열	초월론적 구성에 대한 본질 직관
특징	지향적 체험을 경험적 사실로 간주 지향된 대상의 다양한 유형 확인	다양한 체험의 본질 파악 다양한 유형으로부터 일반자 도출	체험 구성의 조건들을 다양한 차원에서 확인	사실적 초월론적 체험으로부터 본질 파악 구성 작용의 근원적 토대 파악
죽음 연구 방법	죽음 체험 분류 다양한 체험설계	영역적/형식적 존재론 체험의 일반화	영역적/형식적 존재론 죽음 체험을 구성하는 초월론적 토대 확인 및 기술	초월론적 현상학 죽음 체험의 구성 토대 일반화
죽음 체험 사례	죽음에 대한 다양한 체험 나열 ex: 슬픔, 후회, 끔찍함, 수행, 도전 등.	죽음 체험의 본질규정 ex: 불행, 목적, 도움, 필요 등.	죽음 체험을 가능하게 하는 초월론적 조건 나열 ex: 노화, 질병, 사고, 전쟁, 실험 등.	죽음 체험의 초월론적 조건들의 근원적 토대 확인 ex: 상실, 유한성, 무한성 등.

22　Steinbock 1995, p.246.

질적 체험의 본질직관으로 드러나는 의미를 해명한다는 점에서 죽음의 현상학적 탐구 방법은 죽음의 이해를 과학적 방식으로만 접근하는 방향에서 벗어나 주체의 체험을 총체적 맥락에서 살피게 하는 의의가 있다. 자연주의적 이해를 벗어난 죽음에 대한 총체적 고려는 죽음을 향한 존재로서 인간에 대해 넓으면서도 깊은 고찰을 요구한다. 한마디로 현상학적 탐구방식은 죽음에 대한 시선과 태도의 다양성에 주목하면서도 이로부터 이해될 수 있는 본질적 의미를 살피는 것이다. 그러한 탐구는 의식에 주어진 대상으로 체험되는 다양한 죽음의 질적 탐구로서 고통 받는 인간에 대한 개방적 태도로 이어진다.

후설의 현상학적 본질 탐구 방법은 언제나 개방적 태도 속에서 시행되는 것이다. 후설은 본질이란 수많은 사람에게 "열려 있는 규정되지 않는 지평"이자 "끊임없이 접근할 수 있는 영역"[23]으로서 주체는 그 무한성을 알 수 없다고 말한다. 체험으로부터 이해된 본질이란 다양한 방법 속에서 수정될 가능성을 안고 있다. 다양한 조건과 함께 유한한 지평 속에 있는 인간은 현상학적 본질 파악의 타당성이 언제든 수정될 수 있다는 가능성을 포용해야 한다. 물론, 사정이 이렇다고 해서 현상학적 탐구가 상대주의로 귀결된다고 볼 수 없다. 현상학적 질적 체험연구는 우리가 일반적으로 공유할 수 있는 '이해'의 가능성을 최상의 결과로써 제시하되, 독선에 빠지지 않고 오히려 질적 체험으로부터 확보할 수 있는 새로운 타당성으로부터 건설적인 개방성을 이끈다. 현상학적 탐구 방법이 옹호되는 이

---

23   Husserl 1999a, p.131.

유는 죽음을 체험하는 사람들을 위한 "더 좋음"(the better)[24]을 지속해서 살피는 데 도움을 주기 때문이다. 현상학적 질적 체험 연구는 질적 대상의 본질의 역동적인 의미를 발견하는 작업이다. 이와 같은 탐구 방식 속에서 죽음에 대한 이해의 지평은 더욱 확장될 수 있다.

4. 죽음의 다양한 장면들과 의료의 현상학적 이해

후설의 현상학적 체험 연구 방법의 핵심은 달리 보면, 자료 수집과 함께 자료 분석으로 실행된다고 할 수 있다. 다만, 자연적 태도와는 다르게 현상학적 체험 연구는 체험된 대상의 지향적 의미를 발견하는 것이며, 그와 같은 지향적 의미를 구성하는 초월론적 조건을 확보함으로써 대상의 본질적 의미를 밝히는 것을 목적으로 한다. 그런 점에서 초월론적 현상학적 이해는 질병이나 상해의 치료, 예방과 기술을 연구하는 학문으로서 의학에 새롭고 다양한 지평들을 선사한다. 왜냐하면 현상학은 실증적인 객관주의 외에 지향된 질적 체험으로 이해될 수 있는 대상의 본질을 살피게 하기 때문이다. 한마디로 현상학은 죽음의 다양한 장면들을 포착하고 그 의미를 드러내는 데에 유용한 도구로서 활용될 수 있다.

예를 들어 중환자실의 한 환자의 죽음을 떠올려 보자. 의사에게 환자의 죽음은 스마트폰으로도 점검해야 할 사안 혹은 사망집담회(mortality conference)의 주제로서 체험되는 사태일 수 있다. 환자의 죽음은 실습을

---

24   Svenaeus 2019, pp.467-468.

하는 의대생에게, 인턴 의사 혹은 환자를 담당하는 레지던트에게 서로 상이하게 체험될 수 있다. 중환자실 옆 침대에서 이를 지켜본 환자에게는 어떤가? 아마도 그에게 그 환자의 죽음은 트라우마로 체험될 수 있다. 죽음을 맞이한 환자의 가족들에게 그의 죽음은 또 다른 사태로 체험될 것이다. 가령, 환자의 경과를 계속해서 살폈던 의료인과는 달리 이를 지켜보지 못했던 환자의 가족들에게 죽음은 청천벽력으로 느껴질 것이다. 이렇듯 중환자실의 한 환자의 죽음에도 다양한 체험이 있고 그에 따른 상이한 기술이 있기 때문에 환자의 죽음에 대한 이해와 우리가 지향해야 할 태도는 하나의 관점에서만 이해될 수 없다. 의사의 입장에서, 옆에 있던 환자의 입장에서, 가족의 입장에서 등 다양하게 드러나는 사태를 있는 그대로 기술하고 이로부터 일반자를 도출하고 더 나아가 초월론적 조건들을 확인해 볼 때 중환자실에서 발생한 죽음으로부터 우리가 지향해야 할 방향을 의미 있게 모색할 수 있다.

상이한 체험을 기술하고 그러한 기술로부터 일반자를 도출하는 현상학은 다양한 죽음의 질적 차원을 이해하는 데에 도움을 준다. 의료기술이 향상됨에 따라 수명이 늘어나고 죽음을 지연시킬 수 있다고 믿는 오늘날, 특히 대다수의 사람들이 병원에서 생을 마감하는 시대에 죽음에 관한 다양한 체험과 그에 따른 본질적 의미를 탐구하는 작업은 죽음에 대처할 수 있는 다양한 태도를 제시해 준다. 의료 현장에서 죽음의 질 향상에 관한 논의는 피할 수 없는 사안이라고 할 때 웰-다잉, 완화의료와 같은 영역에서 현상학은 기초적인 탐구 방법을 마련하고 있다.

현상학적 탐구는 죽음에 대한 이해를 넓은 차원에서 들여다볼 수 있는 지평을 제공한다. 그뿐만 아니라 깊은 차원에서 다양하게 본질적 의미를 살필 수 있는 방향성도 제시한다. 그런 점에서 후설의 현상학적 탐구 방법은 죽음에 관한 자연주의의 객관적 탐구 방법을 포용하면서도 이로부터 더 나아가 질적 차원의 체험 의미 분석을 심화시킨다는 측면에서 의학에 도움을 준다. 일인칭 체험을 중점적으로 들여다보는 죽음의 질적 체험 탐구와 함께 현상학적 죽음 탐구는 삼인칭의 관찰을 수용함으로써 다양한 죽음의 양상들을 규명한다. 현상학적 질적 체험 탐구 방법으로 이해되는 죽음은 이에 대한 새로운 관점과 이해를 제공한다는 의의가 있다. 재차 강조한다면, 현상학적 질적 체험 연구는 형상적 환원이라는 방법을 통해 자연주의적 이해의 편파적인 탐구 방법을 넘어 규범주의가 갖는 주관적인 상대성의 문제를 극복한다. 이와 같은 현상학적 탐구는 자연주의적 이해만이 강조되는 '의료화'(medicalization)를 비판하며 소외되기 쉬운 체험의 다양한 질적 요인들을 주목하게 만든다. 예를 들면, '죽음의 의료화'(medicalization of death) 문제를 생각해 볼 수 있다. 죽음을 치료 가능한 것으로 착각하여 마치 죽음을 처치가 가능한 질환으로 간주하고, 부자연스러운 죽음을 의료의 실패로만 이해하는 사태는 죽음의 질적 의미를 간과한 현상이다. 현상학적 탐구로 살피는 죽음은 현대의학이 의존하는 기계론적 이해, 생명과학 기술과 의학이 자연을 통제할 수 있다는 믿음에서 이해되는 죽음과는 다른 방식으로 이해된다. 물론, 자연주의적 관점을 지향하는 의학에 따를 때 죽음은 실패를 의미하는 것일 수 있다. 자연주의적 이해에 따르면 궁극적으로 죽음은 피할 수 없는 것, 막아야 할 것 등으로 단조롭게 이해될 수 있다. 포스트휴먼 논의에서 죽음은 저지되어야 할 것, 인간의 힘으로 피할 수 있는 사태로 간주되기도 한다. 의료 현장에서도 의료인은 환자를 죽음에 이르지 않게 하려고, 즉 살리기 위해 힘쓴다.

'생명을 살리기 위해 가능한 모든 것을 해야 한다는 암묵적 동의는 현대의학을 지탱하는 기본적 태도'라고도 볼 수 있다.

하지만 현상학적 죽음 이해는 죽음의 질적 차원이 모든 생명 징후의 멈춤, 소실과 같은 자연적 관점으로만 이해될 수 없다는 점을 알린다. 죽음은 자연주의적 태도 외에 다양한 차원에서 고려될 수 있다. 현상학적 방법은 예방, 치료, 회복 등에 목적을 두는 의학에 새로운 관점에서 죽음을 이해하도록 시선을 바꾼다. 예를 들면, '편안하고 존엄한 죽음'과 같은 연명의료 결정법에서도 의학적 관점은 현상학적 방법을 통해 통제와 저지라는 통상적인 관점에서 벗어난 이해를 시도해 볼 수 있다. 다양한 죽음의 질적 체험이 있는 만큼, 지향된 체험의 다양성과 그로부터 도출되는 본질에 따라 의학은 그에 맞는 좀 더 나은 관점을 채택해 볼 수 있다. '삶의 마무리를 어떻게 할 것인가' 하는 문제, 즉 죽어가는 자와 그것을 지켜보는 자의 죽음의 체험은 상이한 지평 속에서 다양한 질적 의미를 띤다고할 수 있는데, 이때 의학은 단순한 자연주의적 태도를 넘어 현상학적 태도 속에서 죽음을 이해해야 한다. 그럴 때만이 죽음의 다양한 의미에 관한 사태들에 대해 숙고하고 실천적 방향들을 찾을 수 있다.

5. 글을 마치며

지금까지의 논의를 한마디로 정리하면 다음과 같다. 초월론적 현상학적 체험 연구를 통해 죽음 체험의 다양한 사례와 그러한 사례로부터 도출되는 체험의 본질적 의미를 살필 수 있으며, 의학은 그렇게 살펴진 이해

속에서 통상적으로 이해되는 죽음을 비판적으로 분석해 볼 수 있다. 임종에 처한 사람에게 죽음은 삶의 계획을 송두리째 흔드는 사건으로서 충격과 공포로 혹은 고립과 우울로 체험되겠지만, 나의 죽음이 혼란과 두려움, 충격과 공포라고 해도 당사자가 아닌 사람에게는 동일한 의미로 체험되지 않을 수 있다. 물론 반대로 죽음으로 삶의 긍정적 의미를 깨달은 사람에게 죽음은 두려움과 공포로 체험되지 않고, 오히려 그 사람과 가까운 사람이 그/그녀의 임박한 죽음을 충격과 절망으로 체험할 수 있다. 특히 이인칭의 죽음은 '너의 죽음'으로 가족이나 친구 같은 친밀한 사람의 죽음이기에 더욱 고통으로 체험될 수 있다. 이인칭의 죽음은 삼인칭 죽음처럼 타인의 죽음으로 대상화하기도 어렵다. 질적 차원에서 이인칭의 죽음은 관계로부터 이해되는 것이기에 일인칭 죽음 혹은 삼인칭의 죽음과는 또 다른 차원에서 죽음이 체험된다.

삼인칭 죽음은 나와 큰 관계가 없는 이의 죽음 혹은 익명화된 죽음, 더 나아가 죽음 일반을 의미할 수 있다. 의료인은 통상적으로 대상화된 죽음, 지식과 정보를 얻기 위한 죽음으로서 삼인칭 죽음을 체험한다. 의료인은 해부 실습 과정, 즉 의학 교육 현장에서 사체를 통해 죽음을 체험하는 자이다. 또한 이들은 환자를 만나면서 임상의학적 시선 속에서도 죽음을 체험하는데, 의료인에게 죽음은 초연한 관심으로 응시해야 할 태도 속에서 체험되는 것이다. 어떤 면에서 의료인에게 죽음은 직업적 특성에 따라 일인칭, 이인칭 죽음 체험은 지양되어야 할 것으로 간주될 수 있다. 왜냐하면 죽음을 늘 마주해야 할 의사가 이를 충격과 공포로만 체험한다면 의사로서의 직분을 제대로 수행하기 어렵기 때문이다.

죽음은 자연주의적 관점에서 양적 혹은 계량적 측정만으로 이해되지 않는다. 죽음은 다양한 시간과 공간 속에서 체험되고, 체험하는 이들에게 상이한 시간과 공간적 의미를 낳는다. 죽음은 수많은 질적 차원 속에서 이해되어야 하는 것이다. 의학은 그와 같은 죽음의 문제와 연관되지 않을 수 없다는 측면에서 현상학적 이해를 요구한다. 의료 현장에서의 죽음은 여러 모습을 띤 채 드러나며, 현상학적 체험 연구는 이처럼 다양한 모습을 띤 죽음의 질적 의미를 살피고 그로부터 최상의 의미를 도출한다. 오늘날 우리는 죽음과 관련해서 존엄사, 안락사, 호스피스 완화, 연명의료, 낙태 등의 복잡한 문제들을 안고 있다. 이와 같은 문제들에서 중추적 역할을 하는 의학은 자연주의적 이해를 넘어 현상학적 체험 연구를 동반할 때 더 나은 방향성을 확보할 수 있다. 죽음의 다양한 장면들에 대한 포용은 우리 시대에 요구되는 태도이며 그러한 장면들로부터 발견되는 상이한 의미들은 오히려 죽음에 관한 실용적 대안을 마련하는 데에 도움을 준다. 현상학적 체험 연구는 죽음 체험의 다양한 양상과 함께 그 양상들의 본질 규명을 통하여 죽음의 새로운 의미를 발견하는 방법을 내세운다. 그런 점에서 현상학적 질적 체험 연구는 나름의 실용적 의의가 있다.

현상학적 분석으로 드러난 죽음 체험의 다양한 양상들은 편향된 죽음 이해에서 벗어나게 한다. 현상학적 탐구 방법은 고도의 정밀 의료가 요구되는 시대에 맞춰 획일화된 임상적 의료 관점으로부터 탈피하여 다양한 상황에서 이해될 수 있는 죽음 체험을 살피게 한다. 우리는 다양한 죽음 체험의 가능성 속에서 적절한 애도를, 더욱 나은 의료법의 수립을, 병원이 갖춰야 할 좋은 체계를, 의학이 고려해야 할 중요한 사항들을 찾아볼 수 있다. 이런 사실을 고려해 볼 때 죽음에 관한 초월론적 현상학적 탐구의 미래 가치는 중요하다고 판단될 수 있다. 물론, 죽음에 관한 현상학적 체험 연구는 아직 학문분과로서 구체적인 논의와 실증적인 검토가 이루어진 게 없다. 그런 점에서 초월론적 현상학적 이해는 검증이 필요한 불안정한 연구임을 부인할 수 없기에 지속해서 시도되어야 한다.

참고문헌
집필진 소개
찾아보기

참고문헌

팬데믹 시대의 죽음에 대하여 / 최성민

구석찬, 「"처벌도 책임도 없다"… 생활치료센터 사망 유족 분통」, JTBC, 2022. 2. 13.

구석찬, 「부산 생활치료센터 첫 사망자는 9시간 만에 발견」, JTBC, 2022. 2. 17.

기타노 다케시, 양수현 역, 『죽기 위해 사는 법』, 씨네21북스, 2009.

김아영, 「코로나 사망자 470명 역대 최다」, MBC, 2022. 3. 24.

김은경, 「치명률 낮아진 코로나19… "법정감염병 단계 하향은 논의 안 해"」, 《연합뉴스》, 2022. 2. 17.

김정훈, 「노인 1인 가구 166만… 5년새 44만 가구 증가」, 《조선일보》, 2021. 8. 3.

남형욱, 「부산일보 '늦은 배웅' 기획보도, 제31회 민주언론상 특별상 수상」, 《부산일보》, 2021. 11. 21.

류호, 「화장시설 연내 재정비… '코로나 재유행' 대비」, 《한국일보》, 2022. 5. 31.

박명윤, 「코로나 초과 사망자」, 《이코노믹포스트》, 2022. 5. 11.

백승우, 「실내 안치한다더니… 주차장에 '컨테이너 안치실'」, 채널A, 2022. 3. 25.

아워월드인데이터 통계사이트 https://ourworldindata.org/

월드오미터 코로나19 통계사이트 https://www.worldometers.info/coronavirus/

윤복원, "영국 '코로나 치명률'이 한국보다 7배나 높았던 이유", 《한겨레》, 2022. 11. 18.

이대진, 「늦은 배웅 1화 - "한줌 재로 마주했던 어머니의 마지막 … 안타깝고 죄스러운 마음 멍에로 남아」, 《부산일보》, 2021. 6. 20.

임성빈, 「3월 사망자, 67.6% 급증 왜? 1분기 출산율 또 역대 최저」, 《중앙일보》, 2022. 5. 25.

중앙방역대책본부 보도대응팀, 『코로나19 예방접종 및 국내 발생 현황(11. 30.)』, 2021. 11. 30.

중앙방역대책본부 보도대응팀, 『코로나19 예방접종 및 국내 발생 현황(2. 18.)』, 2022. 2. 18.

중앙방역대책본부 전략기획팀, 『코로나19 국내발생 및 예방접종현황(5. 1.), 2021. 5. 1.

질병관리청 보도자료 및 통계자료 http://ncov.mohw.go.kr/

한국국가통계포털 https://kosis.kr/

행정안전부 주민등록 인구통계 https://jumin.mois.go.kr/index.jsp

홍승연, 「소외된 죽음, 코로나 이후 급증하는데」, SBS, 2022.2.18.

R. Reys et al., "Impact of COVID-19 Pandemic in the Diagnosis and Prognosis of Lung Cancer", Journal of Thoracic Oncology, Vol.16, Issue 3, Supplement, March 2021, S.141.

코로나19 애도 경험에 대한 사례 연구 / 양준석

강봉희, 『나는 죽음을 돌보는 사람입니다』, 사이드웨이, 2021.

김수민, "지역사회 거주 노인의 말 자가인식 보고에 대한 주제 분석", 연세대학교 석사학위논문, 2019.

곽혜원, 「글로벌 팬데믹 시대 속에서 생사교육의 당위성에 대한 제언」, 『문화와 융합』 43(2), 2021.

박예은, 「팬데믹 이후, 산 자들의 죽음 이해 - 레비나스를 중심으로」, 『글로벌지식융합학회 학술대회자료집』, 글로벌지식융합학회, 2021.

울리히 벡, 『위험사회』, 홍성태 옮김, 새물결, 2006.

이범수, "四十九齋와 盂蘭盆齋에서의 遺族心理", 동국대학교 불교학과 박사학위논문, 2008.

중앙방역대책본부 · 중앙사고수습본부, 『코로나바이러스 감염증-19 사망자 장례관리 지침』 제2판, 2021.

최 혁, 「포스트 코로나바이러스 시대의 죽음 이해: 하이데거와 사르트르를 중심으로」, 『철학연구』 130, 2020.

필립 아리에스, 『죽음의 역사』, 이종민 옮김, 동문선, 1998.

하이데거, 『존재와 시간』, 이기상 옮김, 까치, 2009.

한규량, 「코로나19로 변화된 노년의 삶과 죽음」, 『윤리연구』 133(1), 2021.

Braun, V., and Clarke, V., "Using thematic analysis in psychology", Qualitative research in psychology 3(2), 2006.

Ellen Badone, "From Cruddiness to Catastrophe: COVID-19 and Long-term Care in Ontario", Medical Anthropology, Vol 40, 2020.

Sandelowski, M., "The problem of rigor in qualitative research", Advanced Nursing Science 8(3), 1986.

Tedeschi, R. G., and Calhoun, L. G., "The posttaumatic growth inventory: Measuring the positive legacy of trauma", Journal of Traumatic Stress 9, 1996.

권미형, 권영은 「독거노인돌보미의 고독사 인식에 관한 주관성 연구」, 『성인간호학회지』 24-6, 성인간호학회, 2012.

권혁남, 「고령화시대 노인 고독사 문제에 대한 윤리적 반성」, 『인문과학연구논총』 35, 인문과학연구소, 2013.

구인회, 「근대 실체형이상학과 그 비판의 지평에서 살펴 본 죽음」, 『생명윤리』 13-1, 한국생명윤리학회, 2012.

김선현, 『호스피스 완화의료와 임상미술치료』, 이담북스, 2011.

김은철, 김태일, 「죽음에 관한 자기 결정권과 존엄사」, 『미국헌법연구』 24-1, 미국헌법학회, 2013.

김장한, 「김할머니 사례로 살펴 본 가정적 연명의료결정에 관한 연구」, 『의료법학』 17-2, 의료법학회, 2016.

김학태, 「죽음의 의미와 결정에 관한 법윤리적 고찰」, 『외법논집』 41-1, 한국외국어대법학연구소, 2017.

김형철, 「장수 위험에 대한 성경적 대응 방안」, 『로고스경영연구』 11-1, 한국로고스경영학회, 2011.

오진탁, 「연명의료결정법에 대한 생사학적 비판」, 『인문학연구』 109, 충남대인문과학연구소, 2017.

이명숙, 김윤정, 「노인이 인식하는 좋은 죽음」, 『한국콘텐츠학회논문지』 13-6, 콘텐츠학회, 2013.

이미미, 이명선, 「중환자실 환자 가족의 경험 : 의료인들과의 상호작용」, 『성인간호학회지』 29-1, 성인간호학회, 2017.

이수정 외, 「중환자실 간호사의 연명치료환자 간호 경험 : 현상학적 접근」 『기본간호학회지』 23-2, 기본간호학회, 2016.

이세형, 「엘리자베스 퀴블러-로스의 죽음 이해」, 『세계의 신학』, 한국기독교연구소, 2003.

이은영, 「호스피스 철학의 정초로서 사랑과 공감의 의미 연구-에디트 슈타인을 중심으로」, 『철학연구』 51, 고려대철학연구소, 2015.

_____, 「에디트 슈타인은 데카르트의 주체철학을 어떻게 극복하였는가? : 이원론적 실체관과 생명론을 중심으로」, 『철학과 현상학 연구』 60, 한국현상학회, 2014.

_____, 「에디트 슈타인의 단일-존재로서의 몸철학과 생명형이상학」, 『인간연구』 24, 가톨릭대학교인간학연구소, 2013.

_____, 「호스피스철학에서 병원의 가정호스피스화와 에디트 슈타인의 연관성 연구」, 『생명윤리』 16-1, 한국생명윤리학회, 2015.

이주희, 「무의미한 연명치료의 중단: 정당화가능성과 방향」, 『법학연구』 20-1, 경상대법학연구소, 2012.

이향만, 「고독사에 대한 윤리적 성찰과 책임」, 『인격주의 생명윤리』 4-1, 가톨릭생명윤리
    연구소, 2014.

정재우, 「연명의료 결정 제도화에 대한 윤리적 성찰」, 『인격주의 생명윤리』 4-1, 가톨릭생
    명윤리연구소, 2014.

조계화, 김균무, 「한국 의료인의 죽음에 대한 이해」, 『한국의료윤리학회지』 16-1, 한국의료
    윤리학회, 2013.

최경석 「김할머니 사건에 대한 대법원 판결의 논거분석과 비판」, 『생명윤리정책연구』 8-2,
    생명윤리정책연구소, 2014.

최승호 외, 「노인 고독사 어떻게 대응할 것인가?」 『한국학연구』 62, 고려대 한국학연구소,
    2017.

최희경, 「호스피스완화의료 사회복지사의 역할과 역량에 관한 연구」, 『사회과학연구』
    29-4, 2013.

허대석, 『우리의 죽음이 삶이 되려면』, 글항아리, 2018.

C. A. 반 퍼슨, 『몸, 영혼, 정신 : 철학적 인간학 입문』, 손봉호, 강영안 옮김, 서광사, 1985.

Edith Stein, *Endliches und ewiges Sein-Versuch eines Aufstiegs zum Sinn des Seins-*,
    Herder(Freiburg/Basel/Wien), 1986.

KBS 생로병사의 비밀 제작팀, 『오늘이 내 인생의 마지막 날이라면』, 애플북스, 2018.

Reinhard Körner, "Einfühlung nach Edith Stein", in: *Edith Stein Jahrbuch Band 5, Das
    Christentum, Zweiter Teil*, Herder(Würzburg), 1999.

Sarah Borden, "Metaphysics and Epistemology of the Later Work", in : *Edith Stein*,
    Continuum(New York/Londen), 2003.

죽음은 어디까지 허용되는가? / 조태구

고윤석, 「의료현장에서의 임종환자 연명의료의 결정」, 『생명윤리포럼』 5-1, 국가생명윤리
    정책연구원, 2016.

국가생명윤리정책원, 『연명의료결정 법제화 백서』, 2018.

김준혁, 「'조력존엄사법'이라는 이름은 틀렸다」, 《한겨레》, 2022. 6. 21.

노동일, 「치료거부권, 죽을 권리 및 존엄사에 대한 재검토: 헌법적 관점에서」, 『공법학연
    구』 10-2, 한국비교공법학회, 2009.

_____, 「헌법상 연명치료중단에 관한 자기결정권 입론의 비판적 검토 - 헌재 2009.11.26.,
    2008헌마385 결정에 대한 평석을 겸하여-」, 『헌법학연구』 16-4, 한국헌법학회.
    2010.

맹주만, 「칸트와 미학적 자살」, 『칸트연구』 36, 한국칸트학회, 2015.

엠마뉴엘 칸트, 『윤리형이상학 정초』, 백종현 역, 아카넷, 2005.

_____, 『윤리형이상학』, 백종현 역, 아카넷, 2012.

이부하, 「연명의료결정법의 법적 쟁점 및 개선방안」, 『법제』 688, 법제처, 2020.

이석배, 「연명치료중단의 기준과 절차 - 대법원2009.5.21. 선고 2009다17417 판결이 가지는 문제점을 중심으로 -」, 『형사법연구』 21-2, 한국형사법학회. 2009.

이일학 외, 『무의미한 연명치료중단의 합리적 제도화 방안 연구』, 보건복지부, 2013.

_____, 『연명의료 환자결정권 제도화 관련 인프라 구축 방안』, 보건복지부, 2013.

이윤성 외, 『연명치료 중단에 대한 국민의식 실태 조사 및 법제화 방안 연구』, 서울대학교 산학협력단, 2009.

이윤성, 「아직도 안락사인가?」, 『대한의사협회지』 55-12, 대한의사협회, 2012.

이인영, 「미국의 자연사법(natural death act) 규범과 의료인의 면책규정이 주는 시사점」, 『비교형사법연구』 10-1, 한국비교형사법학회, 2008.

이준일, 「대법원의 존엄사 인정(대판2009다17417)과 인간의 존엄 및 생명권」, 『고시계』 629, 고시계사, 2009.

최경석, 「김할머니 사건에 대한 대법원 판결의 논거 분석과 비판: "자기결정권 존중"과 "최선의 이익" 충돌 문제를 중심으로」, 『생명윤리정책연구』 8-2, 생명의료법연구소, 2014.

최지윤·김현철, 「무의미한 연명치료중단에 대한 환자의 자기결정권 - 대법원2009.5.21. 선고 2009다17417 등을 중심으로」, 『생명윤리정책연구』 3-2, 생명윤리정책연구센터, 2009.

Lanlande, André, 『Vocabulaire technique et critique de la philosophie』, PUF, Paris, 2002.

Yun YoungHo. etc, 「Attitudes toward the legalization of euthanasia or physician-assisted suicide in South Korea: A cross-sectional survey」, 『International Journal of Environmental Research and Public Health』 19-9, 2022.

고대 그리스의 장례 문화 / 김혜진

Euripides, Alkestis.

Homer, Iliads.

Homer, Odyssey.

Sophokles, Antigone.

Plutarch, Solon.

김혜진, 「초기 그리스 조각상과 금석문에 드러난 종교적 상호성: 서기전 7세기와 6세기의 델로스와 사모스의 봉헌조각을 중심으로」, 『서양고대사연구』 52, 2018.

_____, 「팔레론의 데메트리오스 집권기(기원전 317-307년)의 아테네의 조형물 연구」, 『서양미술사학회 논문집』 50, 2019.

_____, 「고대 아테네 미술 속 애도의 시각화」, 『서양고전학연구』 61, 2022.

_____, 「초기 고대 그리스 조각에서 대리석의 (재)발견과 '엘리트적 취향'의 기원」, 『미술이론과 현장』 33, 2022.

마이크 파커 피어슨, 『죽음의 고고학』, 이희준 역, 사회평론 아카데미, 1999.

조은정, 「아테네 장례 조형물에 재현된 현세의 기억」, 한국미술사교육학회 『미술사학』 25, 2011.

최혜영, 「고대 아테네 무덤 조형물 연구 - 시대적 변화 및 어린이 무덤 조형물을 중심으로」 『서양사론』 149, 2021.

Alexiou, M. The Ritual Lament Greek in Tradition (Rowman & Littlefield, 2002).

Galanakis, Yannis. "Death and Burial," in Irene S. Lemos and Antonis Kotsonas eds., A Companion to the Archaeology of Early Greece and the Mediterranean (Hoboken, NJ: Wiley-Blackwell, 2020).

Giannopoulou, M. "Emotional Responses to Death and the Afterlife," in Angelos Chaniotis, Nikos E Kaltsas et als.(eds.) A World of Emotions: ancient Greece, 700 BC-200 AD (New York: Alexander S. Onassis Public Benefit Foundation).

Hame, K. J. Ta Nomizomena: Private Greek Death-ritual in the Historical Sources and Tragedy (Ph.D. Diss., Bryn Mawr College, 1999).

Moore, M. B. "Athens 803 and the Ekphora," Antike Kunst 50(2007).

Rehm, R. Marriage to Death: The Conflation of Wedding and Funeral Rituals in Greek Tragedy (Princeton: Princeton University Press, 1994).

Topper, K. "Approaches to Reading Attic Vases," in S. L. James and S. Dillon (eds.), A Companion to Women in the Ancient World (Oxford: Wiley-Blackwell, 2012).

죽음의 의료인문학과 현상학적 탐구 / 최우석

Crowell, S. 2013. Normativity and Phenomenology in Husserl and Heidegger. New York: Cambridge University Press.

Husserl, E. 1965. Phenomenology and the Crisis of Philosophy: Philosophy as Rigorous Science and Philosophy and the Crisis of European Man, trans. Quentin Lauer. New York, Evanston: Harper Torchbooks.

Husserl, E. 1966. Analysen zur Passiven Synthesis. Aus Vorlesungs-und Forschungsmanuskripten 1918-1926, ed. Margot Fleischer. The Hauge: Martinus Nijhoff.

Husserl, E. 1969. Formal and Transcendental Logic, trans. D. Cairns. The Hague: Springer Science + Business Media.

Husserl, E. 1970. The Crisis of European Sciences and Transcendental Phenomenology: An Introduction to Phenomenological Philosophy, trans. D. Carr. Evanston: Northwestern University Press.

Husserl, E. 1977. Phenomenological Psychology: Lectures, Summer Semester, 1925, trans. J. Scanlon. The Hague: Martinus Niijhoff.

Husserl, E. 1983. Ideas Pertaining to a Pure Phenomenology and to a Phenomenological Philosophy - First Book: General Introduction to a Pure Phenomenology, trans. F. Kersten. The Hague: Martinus Nijhoff Publishers.

Husserl, E. 1999a. Cartesian Meditations: An Introduction to Phenomenology, trans. D. Cairns. Dordrecht/Boston/London: Kluwer Academic Publishers.

Husserl, E. 1999b. The Idea of Phenomenology, trans. L. Hardy. Dordrecht/Boston/London: Kluwer Academic Publishers.

Husserl, E. 2013. Grenzprobleme der Phänomenologie: Analysen des Unbewusstseins und der Instinkte. Metaphysik. Späte Ethik, Texte aus dem Nachlass (1908-1937), Dordrecht/Boston/London: Kluwer Academic Publishers.

Moustakas C. 1994. Phenomenological Research Methods, Sage.

Steinbock, A. 1995. "Phenomenological concepts of normality and abnormality", Man and World 28: 241-260.

Svenaeus, F. 2019. "A Defense of the Phenomenological Account of Health and Illness", Journal of Medicine and Philosophy 44: 459-478.

Toombs, S.K. 1987. "The meaning of illness: a phenomenological approach to the patient-physician relationship", The Journal of Medicine and Philosophy 12: 219-240.

Toombs, S.K. 2001. "Reflections on bodily change: the lived experience of disability", In S.K. Toombs(Ed.), Handbook of Phenomenolgy and Medicine, (pp.247-261), Kluwer Academic Publishers.

Waksler, F.C. 2001. "Medicine and the Phenomenological Method", In S.K. Toombs(Ed.), Handbook of Phenomenolgy and Medicine, (pp.67-86), Kluwer Academic Publishers.

Zahavi, D. 2020. "The practice of phenomenology", Nursing Philosophy vol. 21, issue 2: 1-9.

김혜진   한국외국어대학교 그리스 · 불가리아학과와 고전어문 · 문화학과 부교수. 연세대학교 사회학 학사, 그리스 국립아테네대학교 고고학 석사 및 박사 학위. 주요 공저로 『Τέχνης Ἐμπειρία: Νέα Αρχαιολογικά Ευρήματα και Π ορίσματα』, 『문자와 예술』, 『박물관 미술관에서 보는 유럽사』, 『지중해문명교류사전』 등이 있고, 「초기 고대 그리스 조각에서 대리석의 (재)발견과 엘리트적 취향의 기원」, 「페르시아 전쟁으로 인한 재난과 승리의 기억」 등의 논문이 있다.

양준석   한림대학교 생사학연구소 연구원, 서강대학교 이학사, 가톨릭대학교 상담학석사, 한림대학교 철학박사 학위. 가톨릭대, 한림대, 광운대 강사활동. 주요저서로 『코로나를 애도하다』, 『애도문화의 변화연구』, 『사람은 살던대로 죽는다』(공저), 『자살이론의 과거, 현재, 미래』(역서), 『우리 삶의 이야기』(역서) 등이 있고, 「사별 경험 중년여성의 역경 후 성장과 애도 프로그램 효과」, 「코로나 팬데믹 시가 사별 경험에 대한 해석현상학적 연구」 등의 논문이 있다.

이은영   부산가톨릭대학교 인성교양학부 조교수. 대구가톨릭대학교 문학사, 문학석사, 철학박사 학위. 전 서강대학교 박사후 연구원, 서강대학교 학술연구교수. 주요논문으로 「에디트 슈타인과 감정이입(Ⅰ) : 에디트 슈타인의 감정이입의 인간학」, 「에디트 슈타인과 감정이입(Ⅱ) : 에디트 슈타인의 감정이입의 치유학-퀴블러 로스의 죽음 수용단계와 호스피스 완화의료를 중심으로」, 「외로움과 관계단절로부터 야기되는 자살은 고독사로 지정될 수 있는가?」 등이 있고, 저서로 『에디트 슈타인과 중세 스콜라철학의 수용』이 있으며, 공저로는 『현상학, 현대철학을 열다』, 『사랑-고대로부터 현대에 이르기까지 사랑의 의미』 등이 있다.

조태구   경희대학교 인문학연구원 HK+통합의료인문학연구단 HK연구교수. 경희대학교 경제학사와 문학사, 철학석사 학위. 프랑스 파리-낭테르대학 철학 박사 학위. 주요 저서와 논문으로는 『의철학 연구 - 동서양의 질병관과 그 경계』(공저), 「반이데올로기적 이데올리기 - 의철학의 가능성 논쟁: 부어스와 엥겔하르트를 중심으로」, 「삶과 자기-촉발 - 미셸 앙리의 역동적 현상학」 등이 있다.

최성민   경희대학교 인문학연구원 HK+통합의료인문학연구단 HK교수. 서강대학교 문학사, 문학석사, 문학박사 학위. 2004년 세계일보 신춘문예 문학평론부분 당선. 전 연세대학교 박사후 연구원, 서강대학교 대우교수. 주요저서로 『다매체 시대의 문학이론과 비평』, 『근대서사텍스트와 미디어 테크놀로지』, 『화병의 인문학: 근현대편』(공저) 등이 있고, 「판타지의 리얼리티 전략과 서사적 감염」, 「한국 의학드라마 연구 현황과 전망」 등의 논문이 있다.

최우석   경희대학교 인문학연구원 HK+통합의료인문학연구단 HK연구교수. 서강대학교 문학사, 문학석사, 경희대학교 철학박사 학위. 주요 저서와 역서로 『죽음의 인문학』(공저), 『후설의 윤리학과 상호주관성』 등이 있고, 논문으로는 「의료인의 의무윤리와 덕윤리의 상보적 이해」, 「후설의 쇄신의 윤리학」 등이 있다.

찾아보기

[ㄱ]

가정적 의사 145, 146
가족 57, 75, 107
가짜뉴스 49
감각적 106
감사 60
감정이입의 문제 111
개방성 194
객관주의 182
검사 21
격리 해제 27
격분 109
경로당 35
경사 66
고독사 35, 37, 77, 93, 94, 98, 113
고독사 예방법 38
고령자 37
고령화사회 92
고연령층 23
고위험군 23
고통 74
고통의 동질성 47
공간적 고독사 96, 99, 100
공감의 생명윤리학 103, 107, 113, 115
공동체 70
공동체의 건강 77
공리 182
공포 22, 74
관계 68, 108, 110
관계의 단절 94

관계적 고독사 85, 94, 96, 97, 99, 100, 113
9.11 테러 47
국가생명윤리심의위원회 125, 126
국가생명윤리정책연구원 126
권리 162
귀납적으로 구성된 자연 178
그리스 158
그리스 신화 156
기계론적 생명관 104
기술적 현상학적 체험 연구 187
기타노 다케시 41
김할머니 사건 87, 121, 123, 128, 132

[ㄴ]

뉴노멀 48, 76
늦은 배웅 39

[ㄷ]

단일체로서의 인간학 106
대상 179
대상화된 죽음 199
대한의사협회 31
더불어 느낌 112
데카르트 104
델타 변이 26
도기 170
도기화 163, 172
도덕적 존재 130
독거노인 98, 99
돌봄 90
두려움 58, 60, 72
두려움에 대한 두려움 74

[ㄹ]

루트로포로스 165, 166

[ㅁ]

마드리드 노인 선언 92
말기환자 92, 102, 103, 107, 120, 127, 135,
    148
매장 160, 168
매장문화 76
모듈형 애도 치료 77
목적 130
묘소 155, 157
묘지문화 76
무력감 60
무연고 사망 94
무연고 사망자 98
무의미한 연명의료 중단의 조건 90
『무의미한 연명치료중단의 합리적 제도화
    방안 연구』 125
무한성 192
미끄러운 비탈길 논증 120, 150

[ㅂ]

박탈된 비탄 52
박탈된 애도 61
반성 181
반자발적 안락사 133, 150
발생률 25
방역지침 50
100세 시대 18
백신 19
백신 접종 36

백신 접종률 22
변화되는 애도와 추모문화 73
보라매병원 사건 121, 122, 148
본질 188, 194
본질적 초월론적 현상학적 체험 연구 190
본질적 현상학적 심리학적 체험 연구 189
본질적 현상학적 체험 연구 187
본질직관 181, 187, 188, 194
봉헌물 171
부고 17
부재의 성찰 47
분노 109
브라운과 클라크 55
비본래적(uneigentlich)인 삶 49
비상 운영 체제 28
비석 170
비자발적 안락사 120, 133, 149, 150
비접촉 77

[ㅅ]

사건화 60
사랑과 공감 110
사망선고 94
사망자 수 29
사망진단서 72
사망집담회 195
사별 68
사별 경험 52, 53, 54, 72
사별 경험자 62, 71
사별 사건 60
사별자 63
사실적 초월론적 현상학적 체험 연구 190
사실적 현상학적 심리학적 체험 연구 189
사이버 애도문화 공간 77

사전연명의료의향서 91, 102
사전의료지시서 88
사치금지법 173
산 저승 46
살인방조죄 122
삶 136
삶의 질 152
삼인칭 죽음 199
3T 정책 21
3일장 31
상대적 가치 130
상례 61
상장례 51
샌돌스키 54
생명 18, 42, 106, 198
생명권 139
생명에 대한 자기결정권 120, 135, 139, 140, 141
생명연장장치 102
생명의 안전 51
생생한 체험 180, 186
생의학적(biomedical) 모델 104
생태 중심 75
생활 67
생활방역 75
생활세계 189, 192
생활치료센터 27
서울대학교 병원 88
세계 179
세계보건기구(WHO) 48, 106
세브란스병원 김할머니 사건 88, 136
세월호 참사 46
소극적 안락사 132, 133
소여된 대상 177
소포클레스 160

솔론 166
솔론의 법 169, 173
수용 86, 107, 114
숨겨진 지향성 181
숫자 17, 34, 41
습관성 181, 185
식물인간 88
신 156
신청인 148
심리학주의 182
심신이원론 104
심폐소생술 88
1029 참사 46

[ㅇ]

아리에스 76
아킬레우스 156
아티카 양식 158
안락사 119, 120, 128, 129, 132, 133, 150, 151
『안티고네』 160
안티클레이아 157
암관리법 124
암포라 163
애도 40, 47, 61, 67, 78
애도 경험 53
애도 공동체 77
애도문화 52, 54, 66, 70, 71, 76
애도와 돌봄의 개인화 52
애도의 기술화 73
애도 작업 60, 62, 64
애도 프로젝트 39
애매성 49
애사 66

약속 59
언택트 문화 70, 73
에디트 슈타인 106, 111
엑포라 167
엘리자베스 퀴블러-로스 108
엘페노르 159
연명의료 90, 122, 127, 131, 135, 136
연명의료결정법 85, 89, 90, 96, 101, 104,
    113, 119, 120, 127, 136, 150
『연명의료결정 법제화 백서』 136
연명의료계획서 91, 102
연명의료 중단 123
연명장치 102
연명치료 중지 124
연민 47
영성 106
영웅 156
영원 192
예방접종 23
오디세우스 156
『오디세이아』 156, 159
오미크론 변이 20, 21, 25, 26
온라인 추모관 71
완화의료 89
요양병원 36
요양시설 36
욕망 75
우발적 죽음 77
우울 109
우울증 35
울리히 벡 46
원망 59
월드오미터 41
위기의 상시화 76
위로 65

위험사회 46
유가족 46, 77, 78
유족 46, 66
유한성 192
육체 중심의 인간관 95
의료의 실패 197
의료집착적 행위 90
의료화 197
의무 162
의사결정능력 145
의사조력자살 120, 128, 131, 134, 142, 150
의학적 실패 105
이념의 자연화 178
이성적인 존재 130
이원론적 실체론 104
이인칭의 죽음 199
이태원 참사 45, 47
이해 194
익명화된 죽음 199
인간 156
인간관 86
인간 존엄성 95
인간 존엄성 원칙 130
인간 존재 106
인간 중심 75
인간학 105, 106
인격 106, 130
인공호흡보조장치(앰부) 122
인과적 원리 179
인류 18
인연 57
인재 48
『일리아스』 158, 164
일반자 190, 196
1인 가구 37, 98

일인칭 죽음 199
일일 신규 확진자 수 25
임종 199
임종 과정 94, 127, 135, 136
임종기 환자 92, 102, 107, 122
임종자 86
입법부작위 123

[ㅈ]

자가 격리 27
자가항원키트 21
자기결정권 124
자료 분석 195
자료 수집 195
자발적 안락사 133
자살 46, 128, 131
자연사 137, 138
자연사법 137
자연스러운 죽음 124
자연적 태도 속에 있는 것 178
자연주의 182
자연주의적 관점 199
자연주의적 이해 194, 197
자연주의적 태도 178, 179
자유 106
자유로운 정신적인 인격 106
자유변경 188
자율성 존중의 원칙 142, 146, 147
자책감 59, 60, 72
작용 182
작은 장례식 70, 73
잡담 49
장례 60, 155, 157, 158, 162, 172
장례 문화 67, 69, 155, 157, 171

장례식 52, 69, 167
장례식장 30
장례지도사 52
재택치료 27
적극적 안락사 133, 150
전인적 치료 103, 104, 106, 107, 114
전파력 26
절대적 가치 130
정신 106
정신과 105
정언명령 130
제안 이유 152
조력존엄사 128, 134
조력존엄사법 119, 127, 143, 148, 150
존엄 128, 130
존엄사 120, 124, 128, 129, 131, 132, 138
존엄사법 129, 132
〈존엄사법안〉 88
존엄한 죽음 92, 127
좋은 죽음 85, 87, 92, 94, 95, 115, 133
좌절감 109
『존재와 시간』 49
죄책감 60, 62, 72
주관 182
주관주의 182
주제 55
주제분석 54, 55
주체 179, 180, 184, 192
『죽기 위해 사는 법』 41
죽을 권리 119, 120, 135, 139, 140
죽음 18, 46, 47, 59, 68, 74, 105, 139, 155,
        177, 185, 194, 195, 199
죽음 문화 52, 76, 105
죽음 불안 75
『죽음의 고고학』 170

죽음의 과정 136
죽음의례 53, 54, 63, 65, 76
죽음의 부정성 77
죽음의 상업화 89
죽음의 세속화 76
『죽음의 역사』 52, 76
죽음의 연구 186
죽음의 의료화 87, 89, 90, 104, 197
죽음의 존엄성 51
죽음의 질 152
죽음의 질적 의미 197
죽음의 질적 차원 198
죽음의 질 지표 89
죽음의 체험 186
죽음의 현저성 50
죽음 일반 199
죽음 준비 56
죽음 체험 198, 200
준비 56, 59
준비하고 맞이하는 죽음 103
준비할 수 없는 죽음 72
중증화 위험도 23
중증화율 26
중환자실 101
지하세계 156
지향성 182
지향적 의미 195
지향적 작용 183
지향적 체험 177, 182, 186
직장 70
진단키트 21
질병관리청 22
질적 체험 194
집단 면역 27
집착적 치료 103, 104

짜증 109

[ㅊ]

참사 46
청소년 25
체험 190
초고령사회 93
초과사망 31
초과사망률 34
초월론적 본질 191
초월론적 조건 196
초월론적 현상학적 이해 195
초월론적 현상학적 체험 연구 189, 198
초월론적 현상학적 환원 181, 189
초월적 106
최선의 이익 원칙 121, 142, 146
추모문화 70, 71, 76
추적 21
추정적 의사 145
출생아 수 29
취약성 192
치료 21, 90
치료에 대한 자기결정권 120, 139, 141, 150
치료의 실패 97
치료제 20
치명률 19, 20, 26
치유 47

[ㅋ]

칸트 130
케데이아 162
케도마이 162

케라메이코스 167
K-방역 45
코로나19 17, 48
코로나19와 함께한 애도 72
코로나 PTSD 장애 50
코로나바이러스 48
〈코로나바이러스 감염증-19 장례관리
　　지침〉 51
코로나 시대 35
코로나 포비아 75
퀴블러-로스 107, 112

[ㅌ]

타인의 죽음 74, 186
타자의 죽음 186
태도 108, 179
태도의 변경 182
테세시와 칼하운 73
통과의례 155
트라우마 46
트로이 전쟁 156
특별위원회 125

[ㅍ]

파트로클로스 158, 164
판단중지 181, 183
팩트 체크 49
팬데믹 48
팬데믹 패닉 74
폐암 32
포스트 코로나 48, 76
포스트휴먼 18, 77, 197
폴리네이케스 160

표준주의 51
프로테시스 162
피해자 77
필립 아리에스 52

[ㅎ]

하이데거 49
핵가족화 98
헌법소원심판 123
헌법재판소 124
헥토르 158
현대의학 198
현상학 177, 179, 195, 196
현상학적 분석 200
현상학적 죽음 이해 198
현상학적 질적 체험 연구 197
현상학적 질적 체험 탐구 193
현상학적 체험 연구 187, 190
현상학적 탐구 180, 183, 186, 196
현실 검증 62
형상 188
형상적 환원 197
호곡 164, 166
호기심 49
호메로스 156, 158, 160
호모 파티엔스 77
호스피스 돌봄 106
호스피스 서비스 90
호스피스 완화의료 86, 101, 104, 107, 124
화장 160
화장문화 76
화장장 31
확실성 180
확진자 75

환원 193
환원주의 104
환자 195
환자의 의사 144, 147
환자의 최선의 이익 143, 144
환자 자율성 존중의 원칙 121
회생 가능성 90
후설 177
후회 60

경희대학교 인문학연구원 / HK+통합의료인문학연구단 / 통합의료인문학 학술총서09

죽음의 시공간

등록 1994.7.1 제1-1071
1쇄 발행 2023년 3월 15일

기   획   경희대학교 인문학연구원 HK+통합의료인문학연구단
지은이   김혜진 양준석 이은영 조태구 최성민 최우석
펴낸이   박길수
편집장   소경희
편   집   조영준
관   리   위현정
디자인   이주향
펴낸곳   도서출판 모시는사람들
            03147 서울시 종로구 삼일대로 457(경운동 수운회관) 1207호
전   화   02-735-7173, 02-737-7173 / 팩스 02-730-7173

인   쇄   (주)성광인쇄(031-942-4814)
배   본   문화유통북스(031-937-6100)
홈페이지   http://www.mosinsaram.com/

값은 뒤표지에 있습니다.
ISBN 979-11-6629-156-2   94000
세트   979-11-6629-001-5   94000

이 저서는 2019년 대한민국 교육부와 한국연구재단의 지원을 받아 수행된
연구임(NRF-2019S1A6A3A04058286).